Sylvie und Noémie d'Esclaibes

Das Montessori-Praxisbuch

SYLVIE UND NOÉMIE D'ESCLAIBES

DAS MONTESSORI PRAXISBUCH

AB DER GEBURT

Grundlagen * Rituale * Aktivitäten

AUS DEM FRANZÖSISCHEN VON ILONA ZUBER

ILLUSTRATIONEN
ISABELLE MAROGER (COVER) UND DJOÏNA AMRANI (INNENTEIL)

Anaconda

Penguin Random House Verlagsgruppe FSC© N001967

Die Deutsche Nationalbibliothek verzeichnet diese Publikation
in der Deutschen Nationalbibliografie; detaillerte bibliografische Daten
sind im Internet unter http://dnb.d-nb.de abrufbar.

Lizenzausgabe mit freundlicher Genehmigung
Titel der französischen Originalausgabe:

einem Unternehmen der Penguin Random House Verlagsgruppe GmbH,
Neumarkter Straße 28, 81673 München

Umschlaggestaltung: dyadesign, Düsseldorf, www.dya.de, unter Verwendung
des Covermotivs der Originalausgabe von Isabelle Maroger
Illustrationen: Djoïna Amrani
Satz: F5 Mediengestaltung, Bonn
Druck und Bindung: Finidr s.r.o., Český Těšín
Printed in Czech Republic
ISBN 978-3-7306-0689-6
www.anacondaverlag.de

Einführung

Was ist Montessori-Pädagogik?

Als die Ärztin Maria Montessori vor über hundert Jahren ihre Methode entwickelte, war das eine pädagogische Revolution. Das Bahnbrechende an diesem Erziehungskonzept war vor allem, dass Kinder zum ersten Mal als Individuen mit einem natürlichen Drang zum Lernen betrachtet wurden. »Jedes Kind ist einzigartig« – so die Devise der Pädagogin. Bei der Montessori-Methode geht es darum, der Individualität und dem Rhythmus jedes einzelnen Kindes gerecht zu werden.

Eine weitere Besonderheit ist, dass die Entwicklung der kindlichen Sinneswahrnehmungen das Fundament dieser Pädagogik bildet. Maria Montessori hatte nämlich die Beobachtung gemacht, dass ein Kind alles, was es umgibt, zunächst mithilfe seiner Sinne erfasst. Je mehr es also in der Verfeinerung seiner Sinne unterstützt wird, desto besser wird es die Welt begreifen.

Schließlich revolutioniert die Montessori-Pädagogik die Rolle der Erwachsenen in der Erziehung. Eltern und Pädagogen sollen zugleich Beobachter und Begleiter des Kindes sein und als solche ein günstiges Umfeld für die Entfaltung des kindlichen Potenzials schaffen.

Die Respektierung des Kindes, die Schulung seiner Sinne, die Rolle des Erwachsenen – all diese Säulen der Montessori-Pädagogik sind auf das übergeordnete Ziel ausgerichtet, das Kind bei der Entfaltung seiner wichtigsten Eigenschaften, allen voran **Selbstständigkeit,** zu unterstützen. Bei dieser Methode ist alles so konzipiert (z. B. das pädagogische Material, s. S. 28), dass das Kind in der Lage ist, schon möglichst früh das meiste selbst zu tun. Von zentraler Bedeutung ist auch Selbstvertrauen, weil es dem Kind ermöglicht, zuversichtlich und ohne Angst vor dem Scheitern seine Ziele zu verfolgen. Der Begriff des Respekts schließlich muss heutigen Generationen in all seinen Facetten vermittelt werden: Achtung aller Menschen, Zuverlässigkeit, Toleranz, sorgsamer Umgang mit Materialien usw.

Betrachtet man die weltweite Verbreitung von Montessori-Schulen, dann wird deutlich, wie groß die Anhängerschaft dieser Erziehungsmethode ist: Mittlerweile gibt es 22.000 Montessori-Einrichtungen in über 100 Ländern der Erde. Einige Staaten, zum Beispiel Kanada, Schweden oder Finnland, haben das Konzept sogar in ihr nationales Bildungssystem integriert.

Was sagen die Hirnforscher?

Die Montessori-Pädagogik ist nicht nur beliebt, sondern auch wissenschaftlich fundiert. Viele neurowissenschaftliche Studien der letzten Jahre haben den Nutzen der Montessori-Konzepte der liebevollen Begleitung und Respektierung des Kindes anerkannt. Fachleute bestätigten insbesondere, dass Kinder Wiederholung brauchen, um neu Gelerntes zu verinnerlichen. Schon Maria Montessori schrieb, man müsse einem Kind erlauben, eine Tätigkeit so oft zu wiederholen, wie es wolle.

Dank der Neurowissenschaften weiß man inzwischen auch, dass die Entwicklung des kindlichen Gehirns mit der Geburt keineswegs abgeschlossen ist, sondern in den ersten fünf Lebensjahren noch erhebliche Fortschritte macht. In dieser entscheidenden Phase ist es außerordentlich wichtig, dem Kind dabei zu helfen, sein Selbst aufzubauen. Zu dieser Schlussfolgerung war bereits Maria Montessori gekommen; sie betonte **die ausschlaggebende Bedeutung der ersten Lebensjahre** und die Notwendigkeit, dem Kind eine Umgebung zu bereiten, die an seine Bedürfnisse angepasst ist, damit es seine Aufmerksamkeit, sein Konzentrationsvermögen und seine Lernkompetenzen entwickeln kann.

Stanislas Dehaene, ein international anerkannter Wissenschaftler auf dem Gebiet der kognitiven Psychologie, hat nachgewiesen, dass bestimmte von Montessori entworfene Methoden zum Heranführen an das Lesen optimal an die harmonische Entwicklung des kindlichen Gehirns angepasst sind, etwa das Berühren der berühmten Sandpapierbuchstaben und das Legen von Wörtern (s. S. 101).

Auch bei vielen Eltern findet die fortschrittliche Pädagogik Maria Montessoris heute großen Anklang; sie punktet mit ihrem wissenschaftlich fundierten, auf sinnlichen Erfahrungen aufbauenden und liebevollen Erziehungsansatz, bei dem das Kind seine Potenziale voll entfalten kann. Probieren Sie es zu Hause aus!

Test: Was kann die Montessori-Methode meinem Kind bringen?

Wenn Sie sich fragen, warum Sie die Montessori-Methode zu Hause anwenden sollten, machen Sie den folgenden Test, um zu analysieren, wie Sie und Ihr Kind sich im Alltag verhalten. Das Ergebnis zeigt Ihnen, wie die Montessori-Pädagogik Sie dabei unterstützen kann, die Entwicklung Ihres Kindes optimal zu fördern.

Sie bereiten das Essen zu.

- Sie machen alles alleine, während Ihr Kind spielt; es hat kein Interesse daran, sich am Kochen zu beteiligen.
- Sie schlagen Ihrem Kind vor, Ihnen zu helfen, aber nach dem Waschen einer Karotte hat es genug.
- Sie wollen lieber alleine kochen, weil Ihr Kind sich wehtun könnte.

In der Freizeit.

- Welche »Freizeit«, wenn man sich um ein Kind kümmert?
- Sie planen so viele Aktivitäten wie möglich, damit das Kind beschäftigt ist.
- Sie entscheiden sich für Aktivitäten, die es schon beherrscht, weil es nicht gern etwas tut, was es nicht kennt.

Ihr sechsjähriges Kind muss Hausaufgaben machen.

- Sie leiten es bei den einzelnen Schritten an: Schulsachen herausholen, entscheiden, mit welchem Fach es beginnen soll, Aufgaben bearbeiten usw.
- Sie schlagen ihm vor, jede Viertelstunde eine Pause einzulegen, weil es sich nicht länger konzentrieren kann.
- Die Sache wird schwierig: Das Kind hat keine Lust, versteht nicht, wird ungeduldig …

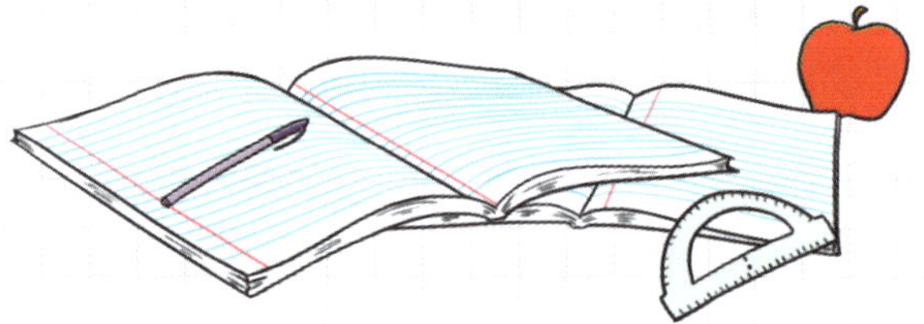

Ihr vierjähriges Kind soll sich waschen und anziehen.

- Sie legen ihm zurecht, was es braucht: Handtuch, Kleidung usw.
- Sie müssen es zehnmal auffordern, bevor es etwas tut.
- Sie sind dauernd hinter ihm her, damit es sich nicht verbrüht, nicht die falschen Sachen anzieht usw.

Ihr dreijähriges Kind soll zu Bett gehen.

- Sie bleiben bei ihm sitzen, bis es einschläft.
- Ihr Kind will vor dem Schlafengehen immer »nur noch fünf Minuten« etwas anderes tun.
- Ihr Kind bittet Sie, bei ihm zu bleiben, weil es Angst im Dunkeln hat.

Sie müssen mit Ihrem vierjährigen Kind zum Einkaufen gehen.

- Sie ziehen ihm schnell die Schuhe und die Jacke an, und los geht's!
- Sie fangen schon früh mit den Vorbereitungen an, weil Sie wissen, dass das Kind Zeit braucht, um fertigzuwerden.
- Sie haben ihm eine Extra-Tasche mit Spielsachen und Büchern gepackt, damit es sich nicht langweilt.

Ihr fünfjähriges Kind hat ferngesehen und soll jetzt den Fernseher ausschalten.

- Es weigert sich, also nehmen Sie die Fernbedienung und schalten ihn selbst aus.
- Sie wollen Ärger und Machtkämpfe vermeiden und stellen sich darauf ein, dass das Ganze mindestens eine Viertelstunde in Anspruch nehmen wird.
- Bildschirme sind grundsätzlich verboten.

Ihr vierjähriges Kind kommt nachts zu Ihnen, weil es schlecht geträumt hat.

- Sie hören ihm zu, schicken es wieder in sein Zimmer, lassen es aber schließlich doch in Ihrem Bett schlafen, weil es sich weigert.
- Sie holen ihm etwas zu trinken und zu essen und diskutieren eine gute Stunde mit ihm, bevor Sie es in sein Bett zurückbegleiten.
- Es weiß genau, dass es sofort bei Ihnen schlafen darf, wo es doch solche Angst ausgestanden hat!

Sie schicken Ihr dreijähriges Kind zum Spielen in sein Zimmer.

- Es ruft Sie, damit Sie mit ihm spielen.
- Innerhalb einer Viertelstunde wechselt es von Playmobil über Lego und Bausteine zu Spielzeugautos.
- Es trägt alle seine Spielsachen ins Wohnzimmer, weil es nicht alleine in seinem Zimmer sein will.

Zählen Sie nun Ihre Antworten zusammen:

Blatt	Stern	Sonne

Überwiegend Antworten mit Blatt: Sie neigen manchmal dazu, Ihrem Kind zu viel abzunehmen.

Die Montessori-Pädagogik kann Ihnen Wege aufzeigen, wie Sie Ihr Kind zu mehr Selbstständigkeit erziehen – was allen gut tun wird! In diesem Buch erfahren Sie, wie Sie Ihre Wohnumgebung so gestalten, dass Sie Ihrem Kind nicht immer alles abnehmen müssen; Sie können ihm z. B. in der Küche einen eigenen kleinen Schrank einrichten oder die Spielsachen in Regale in seiner Körperhöhe stellen. Es geht nichts über Hilfe zur Selbsthilfe! Außerdem erfahren Sie, wie Sie das Kind durch Ihr eigenes Verhalten motivieren können, Dinge selbst zu tun (unterstützend sein, Erklärungen einfach halten usw.). Ob es nun darum geht, ein Hemd zuzuknöpfen, sich die Schuhe zu binden oder einen Blumenstrauß zusammenzustellen – Ihr Kind wird mit großem Eifer (fast) alles wie die Erwachsenen tun wollen! Entdecken Sie, wie Sie es dafür begeistern, sich ins Familienleben einzubrin-

gen. Ihr Kind wird Selbstvertrauen gewinnen und begreifen, dass alles, was es zu seiner Entfaltung braucht, bereits in ihm steckt.

Überwiegend Antworten mit ☆: Sie müssen lernen, die überschüssige Energie Ihres Kindes zu kanalisieren.

Leichter gesagt als getan? Dank der Montessori-Pädagogik können Sie die Konzentrationsfähigkeit Ihres Kindes verbessern, indem Sie zunächst einmal die Umgebung und Ihre eigene Einstellung entsprechend anpassen. Hier ein konkretes Beispiel: Bei Montessori muss eine Aktivität grundsätzlich zuerst beendet werden, bevor die nächste begonnen wird. So wird das Kind motiviert, Angefangenes zu Ende zu bringen. Mit speziellen Aufgaben, die Sie in diesem Buch finden, z. B. Ordnungsspiele, Farbensortieren oder Schüttübungen, können Sie Ihr Kind dazu bringen, sich auf eine Beschäftigung zu konzentrieren, ohne immer wieder abzuschweifen. Schließlich lesen Sie, welche Rituale Sie einführen und welche Grenzen Sie setzen können, damit Ihr Familienleben liebevoll bleibt, aber ruhiger wird. Bald schon werden Sie nicht mehr ständig mit Ihrem Kind verhandeln oder seine Reaktionen vorausberechnen müssen, um Konflikte und Zeitverschwendung zu vermeiden.

Überwiegend Antworten mit ☼: Sie haben ständig Angst um Ihr Kind, und Ihr Kind spürt dies.

Ein solches Kind neigt dazu, Lösungen immer von den Erwachsenen zu erwarten. Dank der Montessori-Pädagogik erhalten Sie einen besseren Überblick über die Entwicklungsstufen Ihres Kindes. Mit diesem Wissen wird es Ihnen leichter fallen, ihm mehr zuzutrauen – was das Kind natürlich spürt und dadurch wiederum mehr Selbstvertrauen gewinnt. Sie erfahren außerdem, wie Sie für Ihr Kind eher ein Begleiter als ein allwissender Erwachsener sein können. Wenn Sie Ihre eigene Einstellung verändern und beobachten, statt zu kontrollieren, werden Sie besser einschätzen können, was Ihr Nachwuchs schon vermag, und sich selbst weniger unter Druck setzen. Schließlich können bestimmte Übungen, die sich problemlos durchführen lassen, Ihrem Kind dabei helfen, eigenständig Lösungen zu finden. Ein Beispiel: Sie bereiten ihm ein Tablett vor, auf dem es alles vorfindet, um Brote zu schmieren. Dann kann es ein Weilchen alleine üben und sich selbst einen Imbiss zubereiten. Ein Hochgenuss!

Kapitel 1

Montessori-Erziehung – was ist das?

Auch wenn die Montessori-Pädagogik schon über hundert Jahre alt ist, hat sie nichts von ihrer Modernität eingebüßt. Maria Montessori war eine große Visionärin, die aus der Beobachtung von Kindern eine Wissenschaft machte und die Kinder selbst, denen man bis dahin nicht viel zugetraut hatte, zu ihren eigenen Lehrern erklärte. Es ist also leicht nachvollziehbar, warum diese Pädagogik heute immer mehr Familien begeistert. Denn längst schon wird die Montessori-Methode nicht mehr nur in Schulen und Kindergärten, sondern zunehmend auch zu Hause praktiziert. So können sich Eltern entsprechend den individuellen Begabungen ihrer Kinder stärker in deren Entfaltung und Förderung einbringen. Neugierig geworden? Hier noch ein paar Infos, bevor es losgeht …

Leben und Werk Maria Montessoris

Eine außergewöhnliche Pädagogin

Die 1870 geborene Maria Montessori ist die erste Frau in Italien, die als Medizinerin im Fach Psychiatrie promoviert wird. In den ersten Jahren ihrer ärztlichen Praxis widmet sie sich der Betreuung von Kindern, die als »geistig behindert« eingestuft worden sind. Montessori ist überzeugt davon, dass das Wohlergehen und die Entwicklung ihrer Schützlinge eher durch pädagogische als durch medizinische Mittel verbessert werden kann. So entwickelt sie speziell für diese Kinder didaktisches Material und eine Methode zum Lesen- und Schreibenlernen – mit bahnbrechenden Ergebnissen. Einige Kinder schaffen sogar die regulären Schulabschlüsse der damaligen Zeit. Nach dieser ersten Erfahrung ist Maria Montessori überzeugt: Für den Lernerfolg ist es unabdingbar, ein Kind zu beobachten – sein Verhalten, seine Art zu lernen – aber auch, ihm viel Zuwendung zu geben.

1906 geht Maria Montessori noch einen Schritt weiter, als sie mit der Aufgabe betraut wird, in San Lorenzo, einem Armenviertel von Rom, eine Tagesstätte für noch nicht schulpflichtige 3- bis 6-jährige Kinder aufzubauen, die während der Abwesenheit ihrer Eltern sich selbst überlassen sind.

Das Kinderhaus als Beobachtungslabor

Ein Jahr später wird die erste *Casa dei bambini* – das erste »Kinderhaus« – eröffnet. Es wird zu einem echten pädagogischen Forschungslabor. Dank ihrer medizinischen Ausbildung ist Maria Montessori sich nämlich darüber im Klaren, dass es ihr nur durch die wissenschaftliche Beobachtung von Kindern und deren Verhaltensweisen gelingen kann, eine »neue Erziehung« zu konzipieren, bei der das Handeln der Kinder und der Ausdruck ihrer Lebensenergie im Vordergrund stehen. Die Erfolge lassen nicht lange auf sich warten. Obwohl sie aus sozial benachteiligten Verhältnissen kommen, legen die Schützlinge der *Casa dei bambini* einen regelrechten Lernhunger und eine unbändige Lebensfreude an den Tag.

Diese radikal neuen Erkenntnisse veranlassen die Pädagogin, drei weitere Kinderhäuser zu eröffnen.

Erste Montessori-Schulen und Friedenserziehung

Nach ihren ersten Erfolgen beschließt Maria Montessori, sich voll und ganz der Verbreitung ihrer Erziehungsmethode zu widmen. Die Nachfrage nach weiteren Kinderhäusern steigt sprunghaft an. Um sie zu bewältigen, organisiert die Pädagogin immer mehr Ausbildungslehrgänge. 1911 werden in den USA die ersten Montessori-Schulen gegründet. Der Ritterschlag!

Im Laufe der 1920er-Jahre nimmt Montessori neben anderen bekannten Pädagogen wie Célestin Freinet, Ovide Decroly und Alexander S. Neill an Konferenzen der New Education Fellowship, des Weltbundes für Erneuerung der Erziehung, teil. Dort beschließt man, nach der Tragödie des Ersten Weltkriegs ein Friedenserziehungsprojekt auf den Weg zu bringen. In diesem Punkt vertritt Maria Montessori einen eindeutigen Standpunkt: Frieden ist eine Wissenschaft, eine Kunst, eine Kultur, die bereits in frühester Kindheit vermittelt werden muss.

Maria Montessori – ein Leben für die Pädagogik in Büchern (Auswahl):

- 1909: *Die Entdeckung des Kindes*
- 1926: *Das Kind in der Familie*
- 1938: *Kinder sind anders*
- 1948: *Von der Kindheit zur Jugend*
- 1949: *Das kreative Kind. Der absorbierende Geist und Erziehung und Frieden (Sammlung von Konferenzbeiträgen zwischen 1932 und 1939)*

Maria Montessoris Gesammelte Werke erscheinen im Herder Verlag.

Exil

Zu diesem Zeitpunkt sind Maria Montessori und ihre Arbeiten bereits so bekannt, dass Benito Mussolini sich für ihre Schulen interessiert. Allerdings will das faschistische Regime 1936 in Italien die Pflicht zum Tragen einer Schuluniform einführen. Als Montessori dies ablehnt, werden ihre Schulen geschlossen. Für die Pädagogin ist dies der Beginn des Exils.

1939 geht sie nach Indien. Sie nutzt diese Zeit, um in der Region zahlreiche Montessori-Schulen zu gründen und ihre Methode weiterzuentwickeln.

Nach Kriegsende kehrt Maria Montessori nach Europa zurück. Inzwischen ist sie eine internationale Berühmtheit und wird sogar dreimal für den Friedensnobelpreis vorgeschlagen.

Ausgezeichnet mit dem Orden der Ehrenlegion und von der Unesco gewürdigt, zieht sich Maria Montessori in die Niederlande zurück, wo sie am 6. Mai 1952 im Alter von 81 Jahren stirbt.

Eine neue Erziehung

Anhand ihrer Beobachtungen erkennt Maria Montessori, dass die kindliche Entwicklung alles andere als ein langer ruhiger Fluss ist. Sie definiert daher vier Entwicklungsphasen, die größeren Lebensabschnitten entsprechen und später auch von der Wissenschaft anerkannt worden sind.

0 bis 6 Jahre: Die erste Entwicklungsphase des Kindes

Diese für die Entwicklung und das Wohlbefinden des Kindes so prägenden ersten Jahre lassen sich wiederum in zwei Phasen untergliedern.

Die Phase zwischen 0 und 3 Jahren wird von Maria Montessori als die Zeit des »psychischen Embryos« beschrieben. In den ersten drei Lebensjahren vollzieht sich die psychische Entwicklung des Kindes. Wie ein Schwamm absorbiert es mühelos und unbewusst seine gesamte Umgebung – Gutes wie Schlechtes. Diese Durchlässigkeit des Geistes ist die Voraussetzung für die grundlegenden Lernprozesse des Lebens.

Zwischen 3 und 6 Jahren, also im Kleinkindalter, entwickelt sich das Kind zu einem »bewussten Arbeiter«. Nach wie vor ist es sehr aktiv, absorbiert weiterhin alles, was es umgibt, und perfektioniert das bereits Erworbene.

Ihre Aufgabe besteht darin, Ihrem Kind im Alter bis zu sechs Jahren physische und emotionale Sicherheit, aber auch stabile Lebensumstände zu bieten. Seine natürliche Neugier wird ständig angeregt, doch kann es zeitweise sensible Perioden durchleben, in denen es von Weinkrämpfen und Wutanfällen überwältigt wird. Hier ist Ihr Einsatz gefragt.

Durch Anpassen der Umgebung fördern Sie die Selbstständigkeit und das Selbstvertrauen Ihres Kindes. Ein weiteres Plus: Mit Ihnen als Begleiter kann das Kind seine Aufmerksamkeit und Konzentrationsfähigkeit entwickeln.

6 bis 12 Jahre: Die zweite Phase

Im Alter von sechs bis zwölf Jahren wird ein Kind zum »Kulturforscher«. In dieser Phase ist sein Wissensdurst unermesslich, es baut seine kognitiven Fähigkeiten aus, interessiert sich lebhaft für kulturelle Belange und muss alles, was es tut, zu Ende bringen.

Ihre Aufgabe ist es, das selbstständige und unabhängige Denken Ihres Kindes zu fördern und für eine vorbereitete Umgebung zu sorgen, in der es sein Wissen erweitern kann (s. S. 44).

12 bis 18 Jahre: Die dritte Phase

Für Maria Montessori ist die Adoleszenz eine Art Wiedergeburt, bei der sich der junge Mensch anpassen muss, um zu einem sozialen Wesen zu werden. In dieser einigermaßen stürmischen Phase kommt es innerhalb kürzester Zeit zu erheblichen körperlichen und seelischen Veränderungen. Auf der Suche nach sich selbst und nach seinem Platz in der Gesellschaft fragt sich der Heranwachsende ständig, was andere über ihn denken. Dieser ganz besondere Lebensabschnitt kann in zwei Phasen untergliedert werden:

- **die Pubertät zwischen 12 und 15 Jahren;**
- **die Adoleszenz zwischen 15 und 18 Jahren.**

Ihre Aufgabe ist es, dem Jugendlichen dabei zu helfen, die eigene Persönlichkeit zu entdecken und zum Gestalter der Welt zu werden, in der er lebt. Mit Ihrer liebevollen Begleitung kann er Selbstvertrauen entwickeln und sich ins soziale Leben eingliedern.

18 bis 24 Jahre: Die vierte Phase

Wie ein hübscher Schmetterling, der aus seiner Puppe schlüpft, ist Ihr Kind erwachsen geworden! Nach Maria Montessori ist dies die Zeit des »spezialisierten Forschers«. Die junge Frau oder der junge Mann lernt nunmehr, sich in einem selbst gewählten Bereich zu spezialisieren.

Die Grundstrukturen des Kindes

Der »absorbierende Geist« und die »sensiblen Perioden« sind nach Maria Montessori die beiden grundlegenden Strukturen der kindlichen Entwicklung.

Der absorbierende Geist – was ist das?

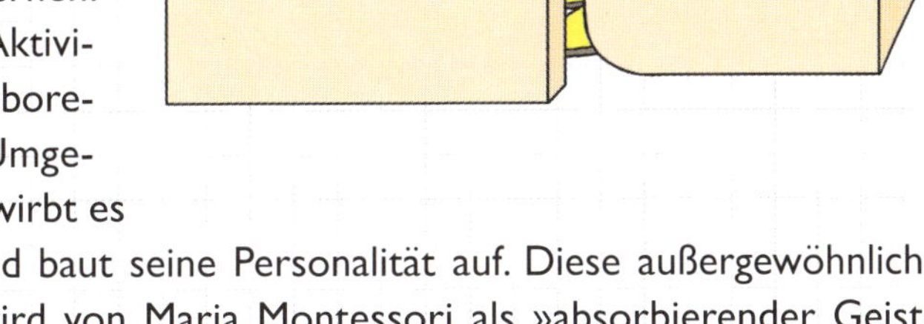

In den ersten drei Lebensjahren ist der Verstand Ihres Kindes mit einem Schwamm vergleichbar, der mühelos alle Empfindungen, die Merkmale seiner Umgebung und seiner Umwelt absorbiert. Deshalb braucht ein Kind auch keinen Unterricht, um seine Muttersprache zu erlernen oder laufen zu lernen. Über seine alltäglichen Aktivitäten und dank der angeborenen Fähigkeit, seine Umgebung »aufzusaugen«, erwirbt es all diese Fähigkeiten und baut seine Personalität auf. Diese außergewöhnliche Form der Intelligenz wird von Maria Montessori als »absorbierender Geist« bezeichnet.

Die sensiblen Perioden

Bestimmt haben auch Sie schon festgestellt, dass die Entwicklung Ihres Kindes manchmal wie eine Achterbahnfahrt verläuft. Je nachdem, in welcher Periode es sich gerade befindet, kann es sich für eine Sache begeistern, um sie im nächsten Moment ganz plötzlich fallenzulassen und sich hingebungsvoll mit etwas anderem zu beschäftigen – und so weiter. Das sind die berühmten »sensiblen Perioden«, in denen das Kind seine Aufmerksamkeit auf ganz bestimmte Aspekte seiner Umgebung richtet (Ordnung, Sprache, Bewegung usw.). Auf diese Weise entwickelt es spezifische Fähigkeiten. So beginnt schon für ein wenige Monate altes Baby die sensible Periode für Ordnung, in der es Selbstvertrauen, logisches Denken und emotionale Sicherheit aufbaut. Das Kind braucht jetzt routinemäßige

Abläufe und Orientierungspunkte. Mit der Zeit wird es immer aktiver und freut sich an allem, was mit Aufräumen, Organisieren und Sortieren zu tun hat.

Phasen, die man nicht verpassen sollte!

Doch Achtung, diese besondere Empfänglichkeit für bestimmte Anregungen ist zeitlich begrenzt; sie lässt sich weder verschieben noch verlängern! Wie schon Maria Montessori betonte, ist eine Gelegenheit zum natürlichen, spontanen Lernen, die versäumt wird, »für immer vorbei«. So kann Ihr Kind beispielsweise in der sensiblen Periode für Sprache schon mit zwei oder drei Jahren in der Lage sein, lesen zu lernen. Stellen Sie ihm dann das geeignete Material zur Verfügung, wird es die nötigen Lesekompetenzen sehr leicht entwickeln können. Lässt man dagegen diesen Zeitraum verstreichen, ohne dem Kind zu geben, was es braucht, wird der Erwerb der Lesefähigkeit später sehr viel mühsamer verlaufen.

Sollte man die Entscheidung dem Kind überlassen?

Die Rolle des Erwachsenen kann hier kaum überschätzt werden. Während der sogenannten sensiblen Perioden ist das Kind darauf angewiesen, dass die Eltern ihm geeignetes Material zur Verfügung stellen. Wenn Sie Ihrem Kind eine Umgebung bieten, die seinem Entwicklungsstand gerecht wird, ermöglichen Sie ihm genussvolles Lernen. In der sensiblen Periode für Sprache zum Beispiel muss Ihr Kind das gesamte Material nutzen können, das es braucht, um seinen Wortschatz zu erweitern, lesen zu lernen, die Grundlagen der Grammatik zu entdecken usw. Dennoch tun wir nichts, als ihm Mittel anzubieten, die sein Lernen unterstützen können, denn letztlich entscheidet es selbst, was es tun möchte. Dies ist das berühmte Prinzip der freien Wahl der Arbeit (s. S. 41).

Die sechs wichtigsten sensiblen Perioden

1. **Bewegungskoordination (0 bis 6 Jahre):** In dieser Phase tritt das Kind in Kontakt mit seiner Umgebung; es entdeckt die Welt.

2. **Sprache (0 bis 6 Jahre):** Die Empfänglichkeit für Sprache beginnt bereits im Mutterleib, doch im Alter von etwa zwei Jahren erlebt das Kind eine

Explosion seines Wortschatzes, der sich bis zum Alter von etwa sieben Jahren rapide erweitert.

3. **Ordnung (0 bis 4 Jahre):** Um Selbstvertrauen und emotionale Sicherheit aufbauen zu können, braucht das Kind Orientierungspunkte (zeitliche und organisatorische), die es dank einer aufgeräumten Umgebung und eines regelmäßigen Tagesablaufs erhält.
4. **Sozialverhalten (3 bis 6 Jahre):** Soziales Verhalten ermöglicht dem Kind, sich an die kulturellen Gegebenheiten seines Umfelds anzupassen und sie sich anzueignen. Es entdeckt und akzeptiert (mit fünf bis sechs Jahren) die Regeln des sozialen Miteinanders und lernt, seine Impulse zu beherrschen.
5. **Verfeinerung der Sinne (3 bis 6 Jahre):** Nach einer ersten Phase der Sinnesschulung (0 bis 3 Jahre) differenziert sich die kindliche Wahrnehmung der Welt über die Sinne. Das Kind lernt, seine Sinneseindrücke einzuordnen.
6. **Aufmerksamkeit für kleine Dinge (1 bis 6 Jahre):** Sehr früh schon ist das Kind fasziniert von den kleinen Dingen, die es umgeben und ihm ermöglichen, seine Umwelt besser zu verstehen.

Die wichtigsten psychomotorischen Entwicklungsschritte des Kindes

Die Montessori-Pädagogik passt sich an die kindliche Entwicklung an.

Alter	Psychomotorische Entwicklung	Vorbereitete Umgebung nach Montessori	Montessori-Material
0–6 Monate	1–4 Monate: Das Baby passt seine Aktivitäten an seine unmittelbare Umgebung an (es lutscht am Daumen, folgt einem Gegenstand mit den Augen usw.). Mit etwa 3 Monaten streckt es die Hand nach Gegenständen aus und nimmt Töne wahr. Mit etwa 4 Monaten erkennt es seine Mutter und wiederholt Gebärden, die ihm gefallen. Mit etwa 5 Monaten ergreift es Gegenstände, die man ihm hinhält, und führt sie zum Mund. Es kann sich jetzt umdrehen.	Ein von Kissen umgebenes Bodenbett machen. Ein Mobile und Gegenstände über dem Bett oder der Spieldecke aufhängen. Einen Spiegel in Fußbodenhöhe anbringen.	Mobiles; Greiflinge mit Ringen oder Kopplungsscheiben; Schellen; Zahnungsball; Gegenstände zum Aufhängen

Alter	Psychomotorische Entwicklung	Vorbereitete Umgebung nach Montessori	Montessori-Material
6–12 Monate	6–12 Monate: Es erkennt seine Bezugspersonen, fixiert sehr kleine Gegenstände. Mit etwa 7 Monaten kann es frei sitzen, und es beginnt zu brabbeln. Mit etwa 8 Monaten setzt es sich in Bewegung. Mit 9–10 Monaten wird sein Gebrabbel differenzierter (»O-ma«, »Au-to« usw.). Mit Unterstützung kann es bereits kurz stehen.	Bücher und Spielsachen in niedrige Regale einräumen. Hübsche Rahmen in der Augenhöhe des Kindes aufhängen. Spielsachen immer in der gleichen Anordnung und am gleichen Platz aufräumen.	Bilderkärtchen; Imbucare-Kasten; Einsetzmaterial; Sortierwürfel
1–2 Jahre	10–18 Monate: Es spricht die ersten Wörter. Mit etwa 12 Monaten steht es frei, macht einige Schritte, greift Gegenstände mit Daumen und Zeigefinger. Mit etwa 15 Monaten beginnt es, seine Autonomie zu entdecken. Mit etwa 18 Monaten will es ständig in Bewegung sein. Es beginnt, alleine zu essen, und es empfindet Mitgefühl. 19–24 Monate: Mit Unterstützung kann es Treppen steigen und hinuntergehen, es rennt, tanzt, klettert. Mit 18–24 Monaten steigt sein Wortschatz rapide an (Wortschatzexplosion).	Ggf. Verlängerungskabel einsetzen, damit das Kind alleine das Licht einschalten kann (auf Sicherheit achten!). Kleidung in einer Kommode aufbewahren, an die es heranreicht, Schildchen mit Symbolen für den Inhalt aufkleben. Einen Küchenarbeitsplan für das Kind erstellen, ihm den Zugang zu einem Schrank, zum Kühlschrank usw. ermöglichen. Im Bad ein eigenes Schränkchen und eigene Handtuchhaken für das Kind vorsehen. Im Eingangsbereich eine Garderobe, ein Schuhregal, einen Spiegel in seiner Körperhöhe anbringen.	Sensorische Kissen; Sortierbrett; Sortierplättchen; Besen, Schaufel, Handfeger; Scheiben auf Vertikalstift; Schrauben-Leisten-Block; Geruchsgläser
2–3 Jahre	Das Kind geht alleine Treppen hinauf und hinunter. Es kann Dinge aufheben, einen Ball kicken usw. Besonders gern mag es Spiele, bei denen es etwas entgegennimmt. Beim Vorlesen betrachtet es die Bilder. Es geht auf andere zu. Zwischen 20 und 30 Monaten spricht es erste kurze Sätze und antwortet auf einfache Fragen. Mit 2 bis 5 Jahren ist es in der Lage, Fantasie- und Nachahmungsspiele zu spielen.	Im Zimmer des Kindes eine Uhr mit großem Zifferblatt in seiner Augenhöhe aufhängen. Das Kind so ausstatten, dass es im Haushalt mithelfen kann. Eine Ecke oder Fläche für die Pflege von Tieren oder Pflanzen einrichten.	Puzzle; Sandpapierbuchstaben und -zahlen; Anziehrahmen; Kasten mit Farbtäfelchen

Alter	Psychomotorische Entwicklung	Vorbereitete Umgebung nach Montessori	Montessori-Material
3–6 Jahre	Das Kind bewegt sich geschickt, genießt seine sensomotorischen Fähigkeiten. Mit 3–5 Jahren kann es beim Vorlesen die Bilder dem Gehörten zuordnen. Seine Sätze werden komplexer, es beherrscht die Syntax. Mit 4–5 Jahren entwickelt es einen Sinn für Reime, Schrift und Grammatik.	Den Schlafsack des Kindes durch eine Bettdecke ersetzen.	Bewegliches Alphabet; Rahmen mit Verschlüssen und Schnürrahmen; Auftragskästen für Grammatik; Tabletts mit Übungen zum Schneiden und zum Kleben; Wortartensymbole und -karten; rote und blaue Stangen; Spindeln

Die Säulen der Montessori-Pädagogik

Die Montessori-Pädagogik ruht auf mehreren zentralen Säulen, die die Basis für alle praktischen Anwendungen (Übungen etc.) der Methode bilden.

Respektierung der individuellen Entwicklung

Für Eltern und Erziehende ist es von ausschlaggebender Bedeutung, die sensiblen Perioden zu erkennen und darüber Bescheid zu wissen, um die Kinder im Alltag begleiten zu können. Diese Unterstützung muss an das individuelle Entwicklungs- und Lerntempo jedes einzelnen Kindes angepasst werden.

Eine vorbereitete Umgebung ...

Sie können den Lerneifer Ihres Kindes unterstützen, indem Sie für eine anregende und aufgeräumte Umgebung sorgen. Dazu gehören ein leicht zugängliches, helles, sauberes und schlicht eingerichtetes Wohnumfeld sowie Möbel, die an die Körpergröße und das Gewicht des Kindes angepasst sind.

... und maßgeschneidertes Material

Lernen und Begreifen wird durch besonderes Material unterstützt, das an die jeweilige sensible Periode des Kindes angepasst ist. Jedes Material stellt eine ganz bestimmte Anforderung und ist über die Sinne zugänglich, sodass das Kind stets die Möglichkeit hat, sich selbst zu korrigieren. Das Material ist abgestimmt auf die fünf Lernbereiche Praktisches Leben, Sinnesschulung, Mathematik, Sprache und Kultur (s. S. 76).

Ein gut vorbereiteter Erwachsener als liebevoller Beobachter

Als zurückhaltender Beobachter sind Sie der Garant für diese einladende Lernumgebung. **Zurückhaltend**, weil Ihre stille Anwesenheit dem Kind genügt, damit es sich bei seinen Erkundungen sicher und gut aufgehoben fühlt. Beobachter, weil Sie bei besonders aufmerksamer **Beobachtung** eine entstehende Empfänglichkeit für bestimmte Dinge bei Ihrem Kind erkennen und ihm dann das entsprechende Material anbieten können.

Freiheit im Rahmen

Bei dieser Pädagogik dirigiert der Erwachsene nicht, sondern bietet an, hilft, unterstützt, während das Kind selbst entscheidet. Die Montessori-Pädagogik tritt dafür ein, dem Kind zu überlassen, was es tun, wohin es gehen und womit es sich wie lang und wie oft beschäftigen möchte. Dadurch werden seine Konzentrationsfähigkeit und seine Selbstständigkeit gefördert. Doch keine Panik: Den Rahmen für diese Freiheit geben stets die Eltern vor (s. S. 43).

Keine Belohnung

Wenn man ein Kind von klein auf beobachtet, stellt man fest, dass es an allem interessiert ist und ständig etwas Neues lernen möchte. Es macht Spaß, ihm dabei zuzusehen! Deswegen ist es auch überflüssig, es für seine Lernfortschritte zu belohnen, denn es macht sie aus eigenem Antrieb.

Altersgemischte Lerngruppen

Damit das Kind sich entfalten kann, Selbstvertrauen gewinnt und selbstständiger wird, setzt die Montessori-Pädagogik auf eine Kombination aus bestimmten materiellen, psychologischen, sozialen und geistigen Voraussetzungen, für die eine gemischte Altersstruktur von Vorteil ist. In Lerngruppen von Montessori-Einrichtungen werden in der Regel mehrere Jahrgänge zusammengefasst, damit Nachahmungsdrang, Zusammenarbeit, Toleranz und Verantwortungsgefühl entstehen und sich die Kinder gegenseitig helfen.

Montessori-Pädagogik zu Hause

Als Eltern werden Sie sich natürlich fragen, ob Sie die Montessori-Methode wegen der starken Systematisierung der Prinzipien, der sensiblen Perioden und des besonderen Materials überhaupt zu Hause anwenden können. Tatsächlich hat Maria Montessori ihr Konzept ursprünglich ja auch für einen schulischen Rahmen erdacht.

Doch diese Pädagogik ist mehr als eine simple Unterrichtsmethode, sie ist eine regelrechte Lebensphilosophie, die das Wohlergehen und die Entfaltung des Kindes zum Ziel hat. Und wer könnte diesem Auftrag besser gerecht werden als Sie, die Sie als Eltern die ersten Vorbilder und Erzieher Ihres Kindes sind?

In einer Welt, in der alles immer schnell (oft sogar zu schnell) gehen muss, Kinder häufig viele Stunden am Tag von ihren Eltern getrennt sind und sich alles um Bildschirme dreht, ist eine vertrauens-, respekt- und liebevolle Beziehung zwischen Eltern und Kindern unverzichtbarer denn je. Wenn Sie die Montessori-Erziehung mit nach Hause nehmen, wird genau dieses Band gefestigt.

Eine Pädagogik, die zu jedem passt

So sehr Sie sich auch für die Philosophie Maria Montessoris begeistern mögen: Die wenigsten Eltern, die es damit zu Hause versuchen wollen, hatten die Gelegenheit, ein Montessori-Diplom zu erwerben oder sich zu Experten für frühkindliche Entwicklung fortzubilden. Zum Glück sind dies jedoch keine Hindernisse, die Montessori-Pädagogik auch zu Hause anzuwenden. Das dafür erforderliche Material ist heutzutage problemlos erhältlich (Adressen s. S. 132), und die Informationsmöglichkeiten sind vielfältig geworden (Anregungen für Übungen, Arbeiten usw.).

Und das ist gut so, denn selbst für Kinder, die eine klassische Montessori-Einrichtung besuchen, ist es ein großer Gewinn, die Montessori-Methode auch zu Hause zu entdecken – gemeinsam mit Ihnen. Denn dieses Pädagogikkonzept umfasst zahlreiche wichtige Aspekte für eine gute Entwicklung und für das Wohlbefinden des Kindes, die im traditionellen Bildungssystem unter den Tisch fallen: ein solides Selbstvertrauen, viel Bewegung, eine gute feinmotorische Entwicklung, eine Verfeinerung der Sinne und und und … Kurzum, mit Montessori öffnet sich eine neue Welt der Entdeckungen und Erkenntnisse, die Eltern und Kindern Spaß macht!

Fünf goldene Regeln für Montessori-Eltern

Doch womit anfangen? Improvisation hat in der Montessori-Pädagogik keinen Platz. Die Körperhaltung des Erwachsenen, die Präsentation des Materials, die begleitenden Worte – Maria Montessori hat alles bis ins kleinste Detail formalisiert. Wenn Sie angesichts dieses akribisch ausgeklügelten Konzepts etwas ratlos sind, ist das nur zu verständlich.

Doch keine Angst, Sie dürfen diese Gebote durchaus etwas flexibel handhaben. Wichtig ist nur, dass Sie von Anfang an einige goldene Regeln beachten!

1. Machen Sie sich schlau

Damit die Montessori-Methode wirklich Früchte trägt, sollten Sie sich vorab gut informieren. Es ist wichtig, dass die richtige Vorbereitung und Präsentation des Materials zur Routine werden.

Tipp für den Anfang: Schmökern Sie ausgiebig in den Werken von Maria Montessori (s. S. 132) und in Erfahrungsberichten »fortgeschrittener« Eltern.

2. Zweifeln Sie nicht

Passt die Montessori-Methode zu uns? Wird sie unserem Kind tatsächlich gerecht? Entspannen Sie sich! Die Montessori-Pädagogik ist gut für alle Kinder, also selbstverständlich auch für Ihres!

3. Gestalten Sie ein Montessori-inspiriertes Umfeld

Die vorbereitete Umgebung und das besondere Material gehören zu den Säulen der Montessori-Erziehung. Das Kind muss sie zu Hause vorfinden, damit es in einer ihm angemessenen Umgebung reifen, forschen und lernen kann.
Einziger Wermutstropfen: Das Material kann teuer sein!

Tipp für den Anfang: Beginnen Sie mit den einfachen Regeln für die Wohnungseinrichtung (s. Kapitel 3). Das Material können Sie dann nach und nach kaufen, je nachdem, wie Ihr Geldbeutel es zulässt. Ansonsten reicht meist ein bisschen Muskelkraft für die Vorbereitungen!

4. Bleiben Sie im Hintergrund

Es ist wichtig, sich immer wieder in Erinnerung zu rufen, dass der Erwachsene ein Beobachter zu sein hat, dessen Aufgabe darin besteht, die Umgebung und die Übungen an das Kind und dessen Entwicklung anzupassen.

Tipp für den Anfang: Widerstehen Sie dem Drang, dem Kind das beizubringen, was Ihnen gefällt. Sie müssen sich umgekehrt nach den Interessen Ihres Kindes richten.

5. Lassen Sie sich nicht ablenken

Gleicht Ihr Familienleben einem New-York-Marathon? Dann werden Sie sich wohl ein bisschen bremsen müssen, denn die Montessori-Methode ist eine langfristige Investition, setzt aber auch viel Geduld voraus …

Tipp für den Anfang: Planen Sie in Ihrem Alltag eine feste Zeit für die Montessori-Übungen ein – ohne Telefon, Tablet oder sonstige »Nebenbeschäftigung«!

Kapitel 2

Die Werte der Montessori-Pädagogik

Die Montessori-Erziehung ermöglicht dem Kind, in den ersten Lebensjahren die Fähigkeiten zu erwerben, die unabdingbar sind, damit es zufrieden aufwachsen und sich entfalten kann: Selbstständigkeit, Selbstvertrauen, Konzentrationsfähigkeit und Freiheit. Um dies zu erreichen, braucht es drei Grundvoraussetzungen: ein besonderes Material, eine vorbereitete Umgebung und eine ganz bestimmte Haltung der erwachsenen Bezugsperson.

Das Montessori-Material als Lernfundament

Das Kind entwickelt diese Werte, indem es im Alltag das von Maria Montessori angepasste und wissenschaftlich ausgearbeitete pädagogische Material benutzt. Dieses in allen Montessori-Einrichtungen vorhandene Material kann man auch für zu Hause erwerben. Es ermöglicht vielfältige Aktivitäten, bei denen allerdings zu beachten ist, dass sie den Montessori-Grundsätzen entsprechen müssen.

Die wichtigsten Empfehlungen für den Gebrauch des Materials

Das Material wird auf einem Tablett oder in einem Korb angeboten, damit das Kind es selbst holen kann.

- **Die Tabletts werden in Regale gestellt,** geordnet nach den grundlegenden Montessori-Lernbereichen Praktisches Leben, Sinnesschulung, Mathematik, Sprache und Kultur. Die Tabletts stehen immer am gleichen Platz, damit das Kind sie problemlos wiederfindet.
- **Die Tabletts werden nach Schwierigkeitsgrad geordnet,** von links nach rechts und von oben nach unten. Hat das Kind die Übungen des ganz links stehenden Tabletts geschafft, kann es zuversichtlich das Tablett rechts daneben in Angriff nehmen. Auf diese Weise wird es nie das Gefühl des Scheiterns empfinden.
- **Die Tabletts werden ansprechend gestaltet** – Farben, Formen und Materialien sollen harmonieren. Die Tabletts werden regelmäßig ausgetauscht (immer drei pro Woche), insbesondere dann, wenn das Kind sich offensichtlich für bestimmte Übungen nicht mehr interessiert oder es sie nicht so macht, wie sie ihm präsentiert worden sind.

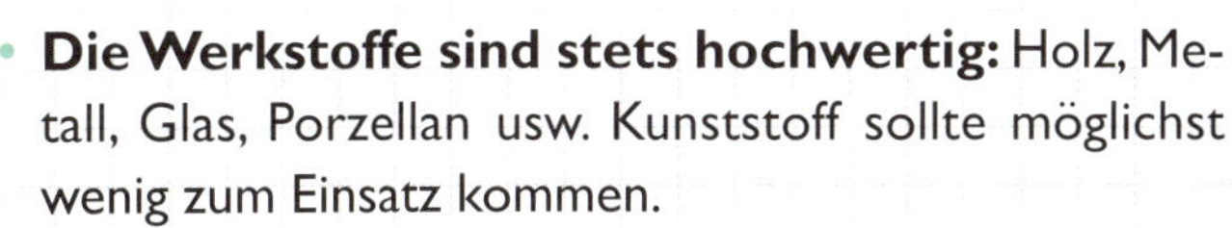

- **Die Werkstoffe sind stets hochwertig:** Holz, Metall, Glas, Porzellan usw. Kunststoff sollte möglichst wenig zum Einsatz kommen.
- **Die Materialien für die Übungen sind kein Spielzeug,** sondern Gebrauchsgegenstände, die von den Erwachsenen im Alltag verwendet werden; das Kind soll die Möglichkeit haben, den Erwachsenen nachzuahmen und ihm nach Belieben bei seinen Tätigkeiten zu helfen.

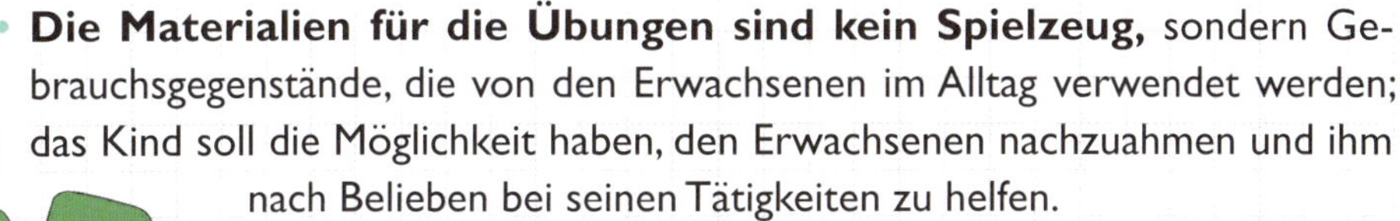

- **Die Übungen werden dem Kind immer von einem gut vorbereiteten Erwachsenen angeboten,** damit sie flüssig präsentiert und umgesetzt werden können.

Eine vorbereitete Umgebung

Das Ziel? Selbstständigkeit!

Das eigene kleine Reich Ihres Kindes, also sein Zimmer und sein Spielbereich, sollte an seine jeweiligen Entwicklungsphasen angepasst werden. Ein konkretes Beispiel: Nach Montessori wird ein kleines Kind eher selbstständig, wenn es auf einer Matratze auf dem Fußboden schläft als in einem Gitterbett.

»Hilf mir, es selbst zu tun« ist das A und O der Montessori-Philosophie. Die vielen kleinen Umgestaltungen des Zuhauses sollen dem Kind dabei helfen, Selbstvertrauen zu entwickeln und erste Schritte in die Selbstständigkeit zu tun. Sie können beispielsweise in seiner Körperhöhe eine Magnettafel anbringen, an der es selbst gemalte Bilder aufhängen kann. Das Entscheidende ist, ihm eine Umgebung anzubieten, die an seinen aktuellen Entwicklungsstand angepasst ist (s. S. 44).

Die Haltung des Erwachsenen

Sie sind das Vorbild!

Ausschlaggebend ist neben der vorbereiteten Umgebung und dem spezifischen Material der Einfluss, den Sie auf Ihren Nachwuchs ausüben. Zu Hause sind Sie Mutter oder Vater, aber auch Erzieherin bzw. Erzieher. In dieser Eigenschaft haben Sie gegenüber Ihrem Kind eine Vorbildfunktion. In den ersten Lebensjahren sind nämlich die Spiegelneuronen von zentraler Bedeutung – jene Nervenzellen also, die für das Nachahmungslernen maßgeblich sind. Im Bereich der kognitiven Neurowissenschaften hat man herausgefunden, dass diese Neuronen sowohl dann angesprochen werden, wenn das Kind eine Handlung selbst ausführt, als auch dann, wenn es eine andere Person bei einer ähnlichen Handlung beobachtet. Die Spiegelneuronen liegen also nicht nur dem sozialen Lernen zugrunde, sondern auch der Entwicklung der kindlichen Empathie. Ihr Kind lernt also seine Lebenseinstellung, indem es Sie imitiert!

Die fünf zentralen Werte der Montessori-Pädagogik

Wie aber soll man nun dem Kind die Eigenschaften vermitteln, die nach Montessori für sein Leben so wichtig sind? Lassen Sie sich von den fünf zentralen Werten dieser durch und durch positiven Pädagogik inspirieren!

1. Selbstständigkeit

»Ich will das alleine machen!« – ein Satz, den Eltern nur allzu gut von ihren Kindern kennen! Lernen, die Dinge (fast) wie ein Erwachsener zu tun, lässt das Kind Stolz und Selbstvertrauen entwickeln, weil es nicht mehr abhängig vom Erwachsenen ist. Ermutigen Sie bereits Ihr Kind unter drei Jahren, so viel wie möglich selbst zu machen!

Leitsatz Nr. 1: Die Wohnumgebung an das Kind anpassen

Das Kind darf sich nicht als Fremdling in einer Erwachsenenwelt fühlen. Es soll aber auch nicht den Raum des Erwachsenen oder den seiner Geschwister erobern; jeder muss einen übersichtlichen Platz für sich allein haben. Die Wohnung muss also so eingerichtet sein, dass jedes Familienmitglied dort seinen eigenen Bereich hat und den der anderen respektiert.

In der Praxis: Lassen Sie Ihr Kind im Hochstuhl an den gemeinsamen Mahlzeiten teilnehmen. Stellen Sie ihm auch einen Stuhl und einen Tisch oder eine Matte für seine Übungen zur Verfügung. Diese sollten immer am selben Platz stehen bzw. aufbewahrt werden.

Leitsatz Nr. 2: Dem Kind Bewegungsfreiheit lassen

Ihr Kind sollte sich von klein auf so frei wie möglich bewegen können (natürlich unter Beachtung der Sicherheit). Bremsen Sie also nicht seinen Bewegungsdrang!

In der Praxis: Lassen Sie Ihr Kind selbst wählen, ob es lieber am Tisch oder auf der Matte arbeitet. Auch wenn es sich schon konzentrieren kann, darf es nicht gezwungen werden, auf einem Stuhl sitzenzubleiben.

Wenn Ihr Kind noch ein Baby ist, legen Sie es möglichst oft auf seine Spiel- und Lerndecke (s. S. 71). Es wird Spaß daran haben, die unterschiedlichen Materialien zu entdecken und Bewegungen zu üben.

Leitsatz Nr. 3: Dem Kind nicht die Arbeit abnehmen

Ob wir nun unserem Kind helfen wollen oder ob es einfach schnell gehen muss – häufig neigen wir dazu, zu sehr einzugreifen. Nicht gut! Ein solches Verhalten ist nicht nur sinnlos, sondern bremst außerdem die kindliche Entwicklung und Lernbegeisterung aus. Warum sollte das Kind selbst nach Lösungen suchen, wenn es einen Erwachsenen einspannen kann, der alles für es tut?

Lassen Sie Ihr Kind seine Kreativität entfalten, damit es lernt, alleine klarzukommen.

In der Praxis: Wenn Ihr Kind verlangt, sich die Schuhe alleine anzuziehen, dies aber noch viel Zeit in Anspruch nimmt, passen Sie Ihren morgendlichen Zeitplan an! Wenn Sie sich etwas früher fertig machen, anstatt im letzten Moment aufzubrechen, müssen Sie Ihrem Kind die Schuhe nicht anziehen, sondern es kann sie in Ruhe selbst binden.

Leitsatz Nr. 4: Ein neutraler Begleiter sein

Bestimmt haben auch Sie schon oft gedacht, dass Ihre Kinder viel zu schnell groß werden. Genau deshalb ist es aber wichtig, sie unvoreingenommen zu beobachten, um ihnen im richtigen Moment die richtigen Aktivitäten anbieten zu können, die also weder zu leicht noch zu schwer sind. Sie selbst agieren dabei als Begleiter, während das Kind sein eigener Lehrer ist.

In der Praxis: Ihr dreijähriges Kind begeistert sich für Bücher und berührt ständig die Buchstaben in seiner Umgebung? Nein, es ist keineswegs noch zu jung für ein solches Verhalten, sondern befindet sich mitten in der sensiblen Periode für Sprache (s. S. 17–18). Gerade jetzt sollten Sie ihm so viele Übungen wie möglich anbieten, die ihm helfen, lesen zu lernen.

Leitsatz Nr. 5: Aus Fehlern lernt Ihr Kind

Die Fehlerkorrektur bzw. Selbstkorrektur nimmt in der Montessori-Pädagogik einen zentralen Platz ein. Bestandteil jeder Übung ist eine einfache Kontrollmethode, mit der das Kind seine Arbeit selbstständig überprüfen kann. So kann es sie ohne die Hilfe eines Erwachsenen bewältigen.

In der Praxis: Bei einer Schüttübung soll das Kind Reiskörner von einer Tasse in die andere füllen. Wenn etwas daneben fällt, brauchen Sie es nicht darauf aufmerksam zu machen. Es hat schließlich gehört und gesehen, wie die Reiskörner auf das Tablett gefallen sind, und ist daher in der Lage, sie ohne Rat oder Hilfe dorthin zurückzutun, wo sie hingehören.

2. Selbstvertrauen

Wenn es auf seinem Weg in die Selbstständigkeit begleitet wird, kann Ihr Kind ein größeres Selbstvertrauen entwickeln. Das wiederum ermöglicht ihm mehr innere Freiheit, weil es sich selbst annimmt, und nicht versucht, wie ein anderer zu sein. So entwickelt es keine Eifersuchts- und Neidgefühle oder Aggressionen, was den Umgang mit anderen unkomplizierter macht. Damit das Kind dieses so entscheidende Selbstvertrauen erlangen kann, hat Maria Montessori verschiedene Leitsätze formuliert:

Leitsatz Nr. 1: Weder loben noch bestrafen

Sie müssen Ihr Kind nicht dauernd überwachen. Mit der Montessori-Methode arbeitet es autonom und sucht und findet selbstständig Lösungen für seine Aufgaben. Dank der integrierten Kontrollmöglichkeit kann es sich sogar allein korrigieren.

In der Praxis: Wenn Ihr Kind etwas angestellt hat, sollten Sie es dafür nicht bestrafen! Aus Strafen lernt Ihr Kind gar nichts; es wird einfach nur abwarten, dass das Unangenehme vorübergeht.

Bieten Sie ihm stattdessen einen »Nachdenkstuhl« an. Dieser darf aber keinesfalls in einer erniedrigenden Position aufgestellt werden (also z. B. nicht in einer Ecke in Richtung Wand). Fordern Sie das Kind auf, sich hinzusetzen und darüber nachzudenken, warum das, was es getan hat, nicht in Ordnung war. Wenn es darüber nachgedacht hat, kann es jederzeit aufstehen und Ihnen erklären, warum diese Auszeit nötig war, und was es daraus gelernt hat. Auf diese Weise kann das Kind selbst die Verantwortung für sein Handeln übernehmen, sich über das Geschehene klar werden und Selbstvertrauen aufbauen.

Leitsatz Nr. 2: Gutes Benehmen üben

Freundlich grüßen, »bitte« und »danke« sagen … Indem Ihre Eltern und Großeltern Sie immer wieder aufgefordert haben, höflich zu sein, haben sie – unbewusst – die Montessori-Methode angewandt! Mit den von Maria Montessori so bezeichneten »Übungen von Höflichkeit und Anmut« sollen dem Kind die Grundlagen des sozialen Lebens vermittelt werden. So wird es seine Umwelt besser verstehen, sich darin gut aufgehoben fühlen und schließlich Selbstvertrauen aufbauen.

In der Praxis: Ihr Kind ist erkältet, kann sich aber noch nicht alleine schnäuzen; irgendwann läuft ihm die Nase. Tadeln Sie es nicht, aber überlassen Sie es auch nicht in diesem Zustand sich selbst, weil Sie glauben, es sei noch zu klein zum Naseputzen. Dieser Schnupfen ist die ideale Gelegenheit, es zu lernen.

Geben Sie Ihrem Kind ein Tablett mit einer Packung Taschentücher und einem Spiegel und zeigen Sie ihm, wie man sich die Nase putzt. Anschließend kann das Kind im Spiegel kontrollieren, ob es alles richtig gemacht hat. Sie sollten es diese Tätigkeit so oft wiederholen lassen, wie es will; bleiben Sie dabei ganz gelassen und respektieren Sie seinen Rhythmus.

Leitsatz Nr. 3: Das Kind entscheiden lassen

Schluss mit stundenlangen Internet-Recherchen auf der Suche nach kreativen Ideen, wie Sie Ihre Sprösslinge beschäftigen könnten! Die Montessori-Pädagogik geht davon aus, dass das Kind seine Bedürfnisse kennt und weiß, was das Richtige für seine Entwicklung ist. Daher sollte es selbst entscheiden, womit es sich beschäftigen möchte. Wenn die Eltern ihm vertrauen, kann es alleine für sein Wohlergehen sorgen. Auch später im Leben wird es sich dann nicht einreden lassen, etwas zu tun, das nicht gut für es ist.

In der Praxis: Ihr Kind hat Hausaufgaben in Mathematik und Deutsch zu erledigen. Lassen Sie es selbst entscheiden, womit es beginnen möchte, und sagen Sie ihm, dass Sie ihm zutrauen, die richtige Wahl zu treffen.

Leitsatz Nr. 4: Die Bedürfnisse des Kindes erkennen

Liebe ist das Wichtigste für ein Kind. Wird es geliebt und zusätzlich beim Großwerden unterstützt, ist dies allerdings eine große Bereicherung. Dazu muss der Erwachsene die Entwicklungsphasen des Kindes gut kennen und als Begleiter auftreten (s. S. 41–43).

Welche Haltung ist also die richtige? Aufmerksam, herzlich und liebevoll sein, das Kind ermutigen und ihm zeigen, dass man ihm vertraut und ihm etwas zutraut. Doch auch Grenzen setzen ist notwendig, damit aus dem Kind ein verantwortungsvoller Erwachsener wird.

In der Praxis: Um sich harmonisch entwickeln und die Welt begreifen zu können, hat ein Säugling ein natürliches Bedürfnis nach Ordnung und festen Orientierungspunkten. Achten Sie daher auf feste Abläufe (s. S. 54 ff.). Wenn Sie Ihr Baby zuerst baden und anschließend füttern möchten, tun Sie dies jeden Tag genau in dieser Reihenfolge. Ebenso sollte das Zubettgeh-Ritual Abend für Abend das gleiche sein.

Leitsatz Nr. 5: An der Sprachentwicklung des Kindes teilhaben

Welch ein Triumph für Ihr Kind, wenn es endlich die ersten Worte sprechen kann! Diese neue Errungenschaft trägt ungemein zur Entwicklung seines Selbstvertrauens bei. Denn ein Kind, das über den nötigen Wortschatz verfügt, um seine Emotionen und Wünsche zu äußern, fühlt sich sehr viel sicherer im Leben. Daher ist es wichtig, dass Erwachsene sich differenziert und präzise ausdrücken, wenn sie mit Kindern sprechen.

Erfahrungsbericht von Louis, Papa der 5-jährigen Elsa

Wir waren zwar sicher, dass Elsa durch die Montessori-Pädagogik viele tolle Dinge lernen könnte, hätten uns aber nicht im Traum vorstellen können, wie sehr wir selbst davon profitieren würden. Dadurch, dass wir Elsa angeregt hatten, auf unseren Spaziergängen Blumen zu pflücken oder sich ein Herbarium zu basteln oder einen Naturtisch zusammenzustellen, hat sich unser eigener Wortschatz um viele neue Bezeichnungen für Pflanzen- und Insektenarten erweitert.

Mit speziellem Montessori-Material zur Erweiterung des Wortschatzes können Eltern ihrem Kind dabei helfen, die richtigen Benennungen für die benutzten Materialien und Alltagsgegenstände kennenzulernen.

In der Praxis: Wenn Sie mit Ihrem Kind spazieren gehen, benennen Sie die Einzelheiten der Umgebung genau. Sagen Sie zum Beispiel nicht »Sieh mal, der Vogel!«, sondern besser »Sieh mal, die Schwalbe!«.
Wenn Ihr Kind keine Lust zu einer bestimmten Aktivität hat und sagt, diese sei doof, helfen Sie ihm, sich differenzierter auszudrücken.

Zum Beispiel: »Diese Übung mag ich nicht, weil sie langweilig ist«, »… weil sie zu einfach ist«, »… weil sie zu schwer ist«, »… weil sie mich nicht interessiert« usw. Je genauer Ihr Kind formulieren kann, was es meint, desto besser wird es verstanden. So gewinnt es Vertrauen in die eigene Kommunikationsfähigkeit.

3. Konzentrationsfähigkeit

Konzentration als Voraussetzung für jedes Lernen kann von Geburt an erlernt werden. Wenn Ihr Kind sich gut konzentrieren kann, fasst es Dinge leichter auf, und sein tägliches Leben wird reicher. Mit der Konzentration ist es allerdings ein bisschen wie mit einem Muskel: Sie braucht ein gewisses Training (je nach Alter des Kindes), um stärker zu werden. Mit einer entsprechend gestalteten Umgebung können Sie viel dazu beitragen, dass Ihr Sprössling diese Fähigkeit entwickelt.

Leitsatz Nr. 1: Eine ruhige Umgebung

Weg mit lärmenden Spielsachen und nervtötenden Musikbüchern! Um sich gut konzentrieren zu können, braucht ein Kind unter sechs Jahren eine Umgebung, die ein kundiger Erwachsener vorbereitet hat. In einer ruhigen und friedlichen Atmosphäre kann es sich auf die gestellten Aufgaben und die erforderlichen Handgriffe konzentrieren (s. S. 48).

Aus diesem Grund sollten Sie Ihr Kind nicht durch Gespräche, Geräusche usw. ablenken, wenn Sie ihm eine neue Übung zeigen. Dies muss sehr langsam und sehr strukturiert erfolgen, damit sich das Kind auf den Ablauf konzentrieren und die Schritte anschließend wiederholen kann. Noch eindrücklicher wird es, wenn Sie sagen: »Schau, was meine Hände machen.«

In der Praxis: Ihr Kind konzentriert sich gerade auf eine Übung und Sie möchten gern Hintergrundmusik anstellen. Warten Sie unbedingt, bis Ihr Kind fertig ist! Stellen Sie erst dann die Musik an und sagen Sie zu Ihrem Kind: »Hör die Melodie mit mir an.« Diese musikalische Einlage ist dann schon die nächste Übung.

Leitsatz Nr. 2: Immer nur je eine Schwierigkeit

1 Übung = 1 (neue) Schwierigkeit. Diese Gleichung sieht simpel aus, doch für die Vorbereitung der Übungen ist sie sehr wichtig. Denn wenn das Kind mit mehreren Schwierigkeiten gleichzeitig konfrontiert wird, kann es irritiert sein, unsicher werden, den Faden verlieren und schließlich aufgeben. Machen Sie sich also stets klar, welches Ziel mit einer bestimmten Übung verfolgt werden soll, und fragen Sie sich, ob das Kind alle dafür erforderlichen Zwischenziele überhaupt schon erreicht hat.

In der Praxis: Ihr Kind ist bereit, den Zehnerübergang zu erlernen. Bieten Sie ihm dazu möglichst viele Tauschspiele an. Zeigen Sie ihm zunächst, dass zehn Einer dasselbe ergeben wie ein Zehner, geben Sie ihm anschließend 13 Einer, die es in einen Zehner und drei Einer tauschen soll. Schlagen Sie ihm anschließend vor, 22 Einer umzuwandeln, danach 35 usw. Sobald es diese Tauschvorgänge beherrscht, können Sie mit ihm den Übertrag üben.

Leitsatz Nr. 3: Die Konzentration nicht stören

Mal ehrlich: Gehören Sie zu den eher überaktiven Eltern? Dann können auch Sie vieles von der Montessori-Methode lernen! Nach Montessori ist es nämlich ratsam, ein Kind niemals zu unterbrechen, wenn es gerade auf eine Aktivität konzentriert ist – auch dann nicht, wenn Sie finden, dass es jetzt eigentlich etwas anderes tun sollte. Auch Komplimente und Kommentare sollten Sie sich besser verkneifen, um seine Konzentration nicht zu stören. Schließlich ist es wichtig, das Kind dieselbe Bewegung bzw. dieselbe Aktivität mehrmals wiederholen zu lassen, damit es sie verinnerlichen und sein Konzentrationsvermögen trainieren kann. Also: Geduld und Ruhe, bitte!

In der Praxis: Geht Ihr Kind unentwegt die Treppe hinauf und hinunter? Unterbrechen Sie es nicht. Auf diese Weise perfektioniert es diese Fähigkeit, trainiert seine Motorik und fokussiert seine Aufmerksamkeit.

Leitsatz Nr. 4: Eine Sache zu Ende führen

Was man anfängt, bringt man auch zu Ende! Nach der Montessori-Methode muss ein Kind wissen, dass es grundsätzlich jede begonnene Übung zu Ende bringen muss, wenn es eine gute Konzentrationsfähigkeit entwickeln soll. Durch dieses Prinzip schult es außerdem seinen Willen. Wenn das Kind noch klein ist, bereitet der Erwachsene die Übungen so vor, dass sie rasch durchgeführt werden können. Sobald das Kind fertig ist, wird das Material ins Regal zurückgestellt.

In der Praxis: Wenn Sie eine Übung des praktischen Lebens vorbereiten, bei welcher das Kind Körner von einem Gefäß in ein anderes löffeln muss, beginnen Sie mit einer geringen Menge Körner. Je geschickter das Kind beim Löffeln wird, desto mehr Körner können Sie einfüllen, damit die Konzentrationsphasen nach und nach immer länger werden.

Leitsatz Nr. 5: Die Sinne schulen

Kleine Menschen lernen nicht nur über den Intellekt; vielmehr hat ein Kind das Bedürfnis, zu berühren, zu riechen, zu schmecken, zu hören und zu sehen, um sich gut konzentrieren zu können. Daher ist auch das Sinnesmaterial so wichtig, dem das Prinzip zugrunde liegt, stets nur einen bestimmten Sinn zu stimulieren (s. S. 87).

In der Praxis: Wenn Sie wollen, dass Ihr Kind seinen Geruchssinn schult, schlagen Sie ihm eine Übung mit verbundenen Augen vor. Es be-

nutzt dann weder seine Hände noch seinen Geschmackssinn oder sein Gehör, sondern konzentriert sich einzig und allein auf sein Riechvermögen.

Wollen Sie Ihrem Kind z. B. das Alphabet beibringen, lassen Sie es Maria Montessoris berühmte Sandpapierbuchstaben berühren. Ihr Kind kann sich dann auf die Form eines Buchstabens konzentrieren und ihn sich schneller einprägen, als wenn es ihn nur betrachten würde.

4. Entwicklung der Handmotorik

Maria Montessori war die erste Pädagogin, die entdeckte, wie wichtig die Entwicklung der Handmotorik für den Aufbau der menschlichen Intelligenz ist.

Sie beschrieb, wie bei einem Kind alles über die Auge-Hand-Koordination gesteuert wird: Die Hand berührt etwas, eine Information wird ans Gehirn gesendet und von diesem analysiert, das Gehirn wiederum schickt eine Information an die Hand zurück, die daraufhin eine Bewegung ausführt und erneut eine Botschaft ans Gehirn übermittelt usw. Dieser Prozess ist eine Endlosschleife.

Ein Kind, das in seiner Umgebung ein Maximum an Anregung zur Schulung seiner Handmotorik findet, hat also hervorragende Voraussetzungen für seine Entwicklung. Dieses Phänomen ist inzwischen in vielen neurologischen Studien bestätigt worden, etwa durch den Psychologieprofessor Cameron Camp, der diese Erkenntnisse erfolgreich bei seiner Arbeit mit Demenzpatienten nutzt. Auch der Kognitionspsychologe und Neurowissenschaftler Stanislas Dehaene weist nach, dass die Montessori-Pädagogik in vielerlei Hinsicht Kindern am besten gerecht wird.

Leitsatz Nr. 1: So früh wie möglich mit Gegenständen hantieren

Wie die Zeit vergeht … Ihr drei Monate altes Baby kann schon seine Rassel greifen! Es schließt sein Händchen um das Spielzeug und sammelt so Informationen, die an sein Gehirn übermittelt werden. Sie sollten Ihr Kind jetzt unbedingt dazu anregen, seine Hände zu gebrauchen (s. S. 69–75)!

In der Praxis: Legen Sie mehrere leichte Bälle unterschiedlicher Größe und Beschaffenheit in einen Korb in Reichweite Ihres Babys (aus Sicherheitsgründen dürfen die Bälle nicht zu groß und nicht zu klein sein). Die Bälle werden sein Interesse wecken, sodass es schon in den ersten Lebensmonaten seine Handmotorik trainiert.

Leitsatz Nr. 2: Eine Handlung = eine Wirkung

Mit der Entwicklung der Handmotorik beginnt Ihr Kind zu begreifen, dass es mit dem, was es tut, etwas bewirkt. Dies stellt eine grundlegende Erkenntnis für die kognitive Entwicklung dar.

In der Praxis: Hängen Sie über dem Schlafplatz Ihres Neugeborenen ein Mobile auf. Das Mobile sollte auf der Höhe des Oberkörpers des Babys und in seiner Reichweite platziert sein. Zunächst wird es das Spielzeug unbeabsichtigt in Bewegung versetzen, mit der Zeit jedoch begreifen, dass es selbst der Auslöser dieser Bewegung ist. So erkennt es schließlich, dass es mit seinem Körper auf seine Umwelt einwirken kann.

Leitsatz Nr. 3: So viel wie möglich die Hände gebrauchen

Da die Schulung der Handmotorik so eng mit der Entwicklung des Gehirns verbunden ist, sollte der Erwachsene dem Kind immer wieder Gelegenheiten zum Hantieren mit Gegenständen bieten. Mit der Montessori-Methode wird die kindliche Handmotorik nicht nur bei Übungen des praktischen Lebens trainiert, sondern auch bei der Sinnesbildung, beim Lesen- und Schreibenlernen oder beim Rechnen. »Finger weg!« sollte jetzt nicht die Devise sein.

In der Praxis: Geben Sie Ihrem Kind zum Wörterlegen ein bewegliches Alphabet, bei dem sich jeder Buchstabe in einem separaten Fach befindet, oder besorgen Sie Magnetbuchstaben, die man am Kühlschrank befestigen kann. Ihr Sprössling wird das Prinzip rasch begreifen und mit Begeisterung ans Werk gehen!

Leitsatz Nr. 4: Feinmotorik und Grobmotorik getrennt schulen

In den ersten Lebensmonaten ist es wichtig, Übungen für die Grobmotorik (Bewegungskoordination des ganzen Körpers) und für die Handmotorik, die zu den feinmotorischen Aktivitäten gehören, nicht zu vermischen.

In der Praxis: Fangen Sie nicht zu früh mit Zirkeltraining an! Wenn Sie wollen, dass Ihr Sohn oder Ihre Tochter durch einen Reifen krabbelt, einen Ball fängt, den Ball in einen Korb legt usw., sollten Sie alle diese Einzelaktivitäten zunächst sorgfältig voneinander trennen.

Leitsatz Nr. 5: Pinzettengriff üben

Ihr Kind verfügt über ein sehr wertvolles Werkzeug: den Pinzettengriff. Mit Daumen, Zeigefinger und Mittelfinger kann es Gegenstände aufnehmen und halten. Je mehr es sich diese Technik aneignet, desto besser bildet sich nicht nur seine Feinmotorik aus, sondern auch seine Präzision und seine Wahrnehmung von Details. Toller Nebeneffekt: Das Kind lernt ganz von selbst, einen Stift zu halten.

In der Praxis: Wenn Sie Ihrem Kind zeigen, wie ein kleines Glas, ein Puzzleteil oder ein Löffel festgehalten wird, heben Sie Daumen, Zeigefinger und Mittelfinger in die Luft und platzieren Sie sie langsam auf dem jeweiligen Gegenstand, damit es Ihre Geste nachahmen kann.

5. Freiheit

Freiheit ist wichtig – dennoch sollten Sie Ihrem kleinen Racker keinesfalls ständig seinen Willen lassen. Für Maria Montessori geht Freiheit Hand in Hand mit Disziplin, Regeln und Gesetzen. Die Eltern müssen der Freiheit des Kindes einen

Rahmen geben, um sein Bedürfnis nach Entfaltung, aber auch nach Sicherheit zu erfüllen.

Leitsatz Nr. 1: Jedes Kind ist einzigartig

Die Montessori-Pädagogik ist eine Friedenserziehung, in der die Individualität jedes Kindes respektiert werden muss. So dürfen Kinder alles fragen, was sie möchten, und Erwachsene sollen diese Fragen stets gewissenhaft beantworten. Kinder dürfen aber auch etwas falsch machen, etwas vorschlagen oder etwas ausprobieren. In einer Montessori-Einrichtung beteiligen sie sich außerdem freiwillig an der Gestaltung ihrer Umgebung und lernen so, dass jedes Kind sein darf, wie es ist, gleichzeitig aber auch eine wichtige Funktion in der Familie, im Freundeskreis und in der Welt ganz allgemein erfüllt.

In der Praxis: »Du musst ordentlicher sein, so wie dein Bruder!«, »Du musst ruhiger sein, so wie dein Freund!« Solche und ähnliche Sätze können Ihr Kind zutiefst verletzen und ihm suggerieren, dass es so, wie es ist, nicht gut genug ist. Hüten Sie sich also davor, Kinder miteinander zu vergleichen!

Leitsatz Nr. 2: Selbstständigkeit und Selbstvertrauen fördern

Frei sein heißt selbstständig sein, sich selbst vertrauen und die Großen nicht mehr (oder kaum noch) brauchen. Selbstständig werden beginnt mit einfachen Verrichtungen, z. B. sich etwas zu trinken einschenken, und entwickelt sich dann immer weiter, bis das Kind schließlich seine Hausaufgaben alleine macht, sich seine eigene Meinung bildet und diese selbstbewusst vertritt und eigenständig Entscheidungen trifft.

In der Praxis: Wenn Ihr Kind immer auf Sie warten muss, damit es mit seinen Hausaufgaben beginnen kann, wird es sie eines Tages, wenn Sie einmal keine Zeit haben, gar nicht machen können. Es ist dann abhängig von Ihnen, also nicht frei. Ermutigen Sie das Kind stattdessen, alleine mit seiner Arbeit anzufangen.

Leitsatz Nr. 3: Bewegungsfreiheit lassen

Unsere Kinder sind kleine Energiebündel, die manchmal schwer zu kontrollieren sind. Und das ist gut so! In einer Montessori-Klasse wird Bewegung nicht getadelt, sondern unterstützt. Das Kind muss sich frei im Raum bewegen können. Deshalb wird das Material auf einer Matte oder auf einem Tisch angeordnet; das Kind kann seine Matte hinlegen, wo es möchte bzw. seinen Tisch an einen anderen Platz stellen, wenn man ihm gezeigt hat, wie es das machen soll. Das geht auch zu Hause!

In der Praxis: Bringen Sie Ihrem Kind nicht das Material. Es ist seine Aufgabe, sich das Gewünschte zu holen und anschließend alles auch wieder aufzuräumen.

Leitsatz Nr. 4: Freiheit ja – aber im Rahmen

Obwohl die Freiheit ein wichtiges Prinzip der Montessori-Erziehung ist, darf das Kind keineswegs ständig machen, was es will. Es muss lernen, andere Menschen und seine Umwelt zu respektieren. Dazu braucht es einen Rahmen, in dem es sich frei und anerkannt fühlen kann.

In der Praxis: Wenn Ihr Kind Material benutzen will, das gerade von einem anderen Kind verwendet wird, sagen Sie ihm, dass es warten muss, bis es an der Reihe ist. So lernt es, die Wünsche und Bedürfnisse anderer zu achten.

Leitsatz Nr. 5: Der Erwachsene legt die Regeln fest

In der Montessori-Pädagogik legt der Erwachsene die Regeln fest – nach reiflicher Überlegung. Auch wenn es nicht immer einfach ist, eine Entscheidung »durchzuziehen«, sollten gewisse Leitlinien unbedingt beachtet werden, damit das Kind weiß, woran es sich halten soll, und Ihnen nicht irgendwann auf der Nase herumtanzt. Die Regeln müssen gerecht sein und dem Kind so erklärt werden, dass es sie verstehen und akzeptieren kann. Dann kann es machen, was es möchte, solange es sich an die Regeln hält, die zu Hause und in der Gemeinschaft gelten.

In der Praxis: Wenn Sie Ihrem Kind zeigen, wie man Nudeln von einem Gefäß in ein anderes füllt, soll es nicht damit spielen und sie durchs Zimmer werfen, sondern versuchen, genau das nachzuahmen, was Sie vorgemacht haben. Erklären Sie das Ihrem Kind. Es wird die Regeln verinnerlichen und unbedingt alles richtig machen wollen, genau wie Papa oder Mama.

Kapitel 3

Ein Montessori-inspiriertes Zuhause

Wie können Sie nun Ihr Kind dabei unterstützen, sein eigener Lehrer zu werden? Nach Montessori ist die Wohnumgebung hierfür von zentraler Bedeutung. Sie muss an die körperlichen, psychischen und intellektuellen Bedürfnisse des Kindes angepasst sein. Alles sollte so hergerichtet werden, dass Ihr Nachwuchs sich ungehindert bewegen kann.

Achtung: Umräumen ja, aber nicht planlos! Sorgen Sie für Sicherheit, indem Sie z. B. Steckdosensicherungen und ein Treppengitter anbringen und gefährliche Gegenstände aus der Reichweite Ihres Kindes entfernen. Die häusliche Sicherheit muss immer wieder angepasst werden.

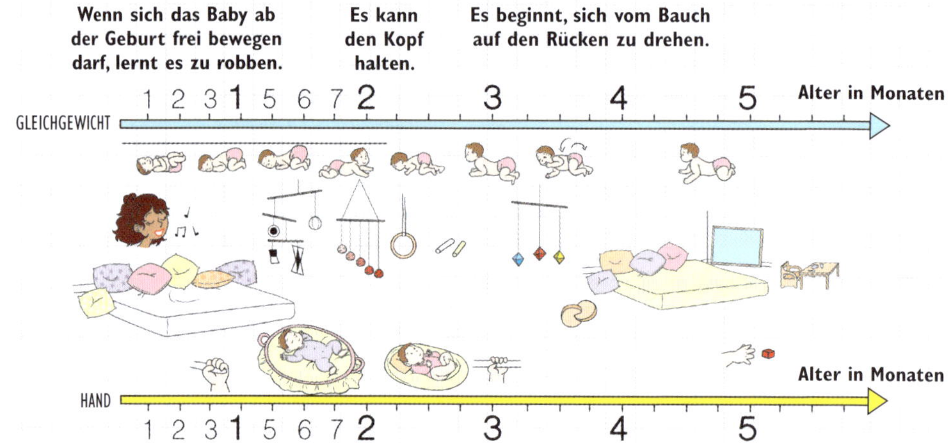

Die Umgebung sollte den Lerneifer des Kindes anregen, ohne ihm Entdeckungen aufzudrängen, für die es noch nicht reif ist.

Wenn das Kind heranwächst, muss sich auch seine Umgebung mitentwickeln. Haben Sie mehrere Kinder, versuchen Sie, jedem seinen eigenen Raum zu geben, der seinem Alter und Entwicklungsstand angemessen ist. Gehen Sie Zimmer für Zimmer durch.

Der gemeinsame Wohnbereich

Die Einrichtung

Bei einer Montessori-gerechten Einrichtung bleibt nichts dem Zufall überlassen. Zum einen soll sie die Unabhängigkeit und Selbstständigkeit des Kindes fördern, zum anderen muss aber auch die sensible Periode für Ordnung beachtet werden, da Kinder bis zum Alter von vier Jahren ein besonderes Bedürfnis nach Sicherheit und Routine haben.

Mission impossible? Keineswegs! Beginnen Sie einfach mit dem Wohnzimmer. Hier sollte jedes Familienmitglied seinen eigenen Bereich bekommen, der sich nicht mit den Bereichen der anderen überschneidet. Das sorgt für eine harmonische und respektvolle Gesamtatmosphäre.

Was Sie tun können

Die Möbel für Ihr Kind sollten an seine Körpergröße und sein Gewicht angepasst sein und Montessori-Gesichtspunkten entsprechen (s. S. 48–50). Sorgen Sie für einen festen Platz für die Spielsachen (s. S. 50). Sie stellen sich bereits das Chaos in Ihrem Wohnzimmer vor? Ruhig Blut! Mit der Montessori-Methode wird Ihr Kind sehr schnell lernen, auf einem Tisch oder einer Matte zu spielen und zu arbeiten und alles wieder aufzuräumen, wenn es fertig ist.

Bibliothek

Lesen ist von immenser Bedeutung für die kindliche Entwicklung und Entfaltung, insbesondere in der sensiblen Periode für Sprache (im Alter bis zu sieben Jahren, s. S. 17–19) – dann nämlich, wenn das Kind beginnt, sich für Symbole zu interessieren, was die Vorstufe des Lesen- und Schreibenlernens darstellt. Die Bibliothek muss also einen zentralen Platz in der vorbereiteten Umgebung einnehmen.

Was Sie tun können

Stellen Sie Ihrem Kind nur etwa zehn hübsche Bücher zur Verfügung, damit es sorgfältig damit umgeht und nicht vor einer zu großen Auswahl kapituliert. In diese kleine Kollektion können Sie Kinderbücher, aber auch Bücher für Erwachsene mit interessanten Schaubildern, Landschaften usw. aufnehmen. Damit diese noch attraktiver aussehen, stellen Sie sie mit dem Cover nach vorn ins Regal.

Tauschen Sie alle paar Wochen einige Bücher aus, wobei sie sich an Jahreszeiten oder aktuellen Ereignissen orientieren können. Stellen Sie, wenn möglich, einen kleinen Sessel auf oder drapieren Sie eine Decke mit Kissen auf dem Boden, damit Ihr Kind es sich in seiner eigenen kleinen Leseecke gemütlich machen kann.

Der Kreativ-Bereich

Die Schulung der Kreativität und der fünf Sinne nimmt einen herausragenden Platz in der Montessori-Pädagogik ein. Daher ist es empfehlenswert, einen besonderen Bereich für die künstlerische, handwerkliche und musische Betätigung einzurichten, um kleine Kunstschaffende zu inspirieren.

Was Sie tun können

Achten Sie auch in diesem Bereich darauf, dass alles an die Körpergröße Ihres Kindes angepasst ist und sich in seiner

Reichweite befindet. Auch hier sollten Sie Ihrem Nachwuchs immer nur eine Übung bzw. ein Material anbieten: am ersten Tag Farben, am nächsten Tag Kreide, am übernächsten Buntstifte usw. Bringen Sie zu guter Letzt eine Korktafel an, an der Ihr Kind stolz seine Werke aufhängen kann, um seine treuesten Fans, nämlich Sie, zu begeistern! Stellen Sie ihm in der Musikecke echte Instrumente mit angenehmem Klang zur Verfügung, z. B. eine Triangel, ein Xylophon, Maracas o. ä. Sie können ihm auch ein einfach zu handhabendes Musikgerät geben oder ihm gar eine Playlist mit seinen Lieblingstiteln erstellen, die es – je nach Alter – selbst bedienen kann.

Tiere und Natur zu Hause

Goldfisch, Meerschweinchen, Katze, Hund … die Anschaffung und Pflege eines Haustiers ist eine hervorragende Sache für Ihr Kind. So kann es lernen, wie man sich um ein Tier kümmert und was ein Tier braucht, worin sich Tiere und Menschen ähneln oder unterscheiden usw. Falls Familienmitglieder unter Allergien leiden oder das Kind Angst vor Tieren hat, sind Pflanzen oder Blumen eine gute Alternative. Ihr Sohn oder Ihre Tochter wird begeistert sein, täglich dafür sorgen zu dürfen, und mit der Zeit immer mehr Verantwortungsbewusstsein entwickeln.

Was Sie tun können

Bereiten Sie ein kleines Tablett vor, auf dem Ihr Kind alles findet, was es braucht, um fur das Haustier zu sorgen. Alternativ können Sie einen kleinen Bereich für die Pflege einer oder mehrerer Topfpflanzen einrichten.

Eine wunderbare Sache ist auch ein Naturtisch, der sich mit dem Lauf der Jahreszeiten verändert und auf den Ihr Kind Fundstücke legen kann, die es bei Spaziergängen gesammelt hat. Vergessen Sie nicht, eine Lupe dazuzulegen, damit es lernt, Details zu beobachten.

Das Kinderzimmer

Neun Monate haben Sie darüber nachgedacht, wie das Babyzimmer aussehen soll, haben sich Anregungen auf Instagram geholt und und und … Doch das behagliche Nestchen, das Sie für Ihr Kleines eingerichtet haben, ist nur für seine Nächte da – und genau da liegt häufig das Problem. Im Allgemeinen sind Zimmer für Babys nur zum Schlafen gedacht und möbliert. Ein waches Kind hält sich dagegen in anderen Räumen auf, in denen mehr los ist. Dabei müsste ein Zimmer für ein Kind so ausgestattet sein, dass es seinem Bedürfnis nach Sicherheit, Selbstständigkeit und Geborgenheit gerecht wird, damit das Kleine lernt, alleine zu spielen und sich selbst auszusuchen, womit es sich beschäftigen möchte.

Grundsätzliches

Ein Montessori-Kinderzimmer ist vorzugsweise schlicht und übersichtlich eingerichtet und in Pastelltönen gehalten.

Unverzichtbar ist ein Fenster, damit Ihr Sohn oder Ihre Tochter vom Tageslicht profitieren und die Landschaft bewundern kann. Idealerweise werden die Wände nicht bunt tapeziert, sondern nur ein paar Bilder oder hübsche Tier- oder Naturfotos aufgehängt – in Augenhöhe des Kindes! In einem Zimmer für ein Baby werden Bilder (mit leichten und weichen Rahmen) dementsprechend in Fußbodenhöhe angebracht.

Was Sie tun können

Hören Sie sich an, welche Vorschläge Ihr Kind zur Einrichtung seines Zimmers macht, denn es soll diese Umgebung ja als etwas Eigenes wahrnehmen. Wenn sich mehrere Kinder ein Zimmer teilen, achten Sie darauf, dass jedes von ihnen seinen eigenen Bereich hat und der Raum gerecht aufgeteilt wird.

Richten Sie das Zimmer mit äußerster Sorgfalt ein, damit alle Dinge einen sinnvollen Platz bekommen. Hängen Sie beispielsweise einen Spiegel auf, in dem Ihr Sprössling sich von Kopf bis Fuß betrachten kann. So kann das Kind seinen Körper entdecken oder sein Outfit prüfen. Wenn Ihr Kind noch ein Baby ist, bringen Sie den Spiegel so weit unten an wie möglich und befestigen Sie ihn gut an der Wand.

Die Möbel

Genau wie in der übrigen Wohnung müssen auch im Kinderzimmer die Möbel an das Alter und die Bedürfnisse des Kindes angepasst sein.

Ab der Geburt und so lange wie gewünscht

• Das Bett

Bei Montessori gibt es keine Gitterbetten! Das Baby schläft vorzugsweise auf einer Matratze oder einem Futon (1,40 m breit) auf dem Boden, mit Kissen in hellen Farben, die an die Wände gelehnt sind. Dieses Matratzenbett ermöglicht ihm von klein auf viel Bewegungsfreiheit und einen Überblick über das gesamte Zimmer – im Gegensatz zu einer Wiege, die es vom Erwachsenen abhängig macht und in der es schnell frustriert ist.

Erfahrungsbericht von Maeva, Mama der 2-jährigen Luisa

Luisa hat fast ein Jahr in unserem Bett geschlafen, bevor wir versuchten, sie in ihrem eigenen Zimmer schlafen zu legen. Die folgenden Monate waren sehr hart. Luisa wollte nicht in ihrer Wiege bleiben und schrie so lange, bis sie schließlich vor Erschöpfung einschlief. Ich habe mit der Hebamme darüber gesprochen, die mir die Montessori-Methode empfahl und sagte, ich solle eine Matratze auf den Boden legen. Ich war zuerst skeptisch und dachte mir, dass Luisa dann bestimmt sofort aufstehen würde. Aber es kam ganz anders. Da sie nun wusste, dass sie, wenn sie wollte, alleine aufstehen und zu uns kommen könnte, ließ sich Luisa schließlich problemlos in ihrem neuen Bett schlafen legen.

Dank dieser Ausstattung lernt das Kind mit der Zeit, sich auf seiner Matratze fortzubewegen, dann herunter- und wieder hinaufzuklettern und schließlich das Zimmer eigenständig zu erkunden. So hat es schon vor dem Ende des ersten Lebensjahrs die Gelegenheit, sich gleich nach dem Erwachen lange auf spannende Aktivitäten zu konzentrieren, ohne von der Anwesenheit seiner Eltern abhängig zu sein.

• Was Sie (noch) tun können

Legen Sie Ihr Baby auf einen Topponcino, ein oval geformtes und sehr weiches kleines Baumwollpolster. Mit dem Topponcino können Sie Ihr Kind mühelos nahe an Ihrem Körper halten und gleichzeitig sein Köpfchen stützen. Ihre Wärme und der vertraute Geruch beruhigen das Kleine. Es hat alles, was es zu seinem Glück braucht!

Auch ein Mobile über der Matratze ist eine tolle Sache für Ihr Baby (s. S. 69–71).

Für größere Kinder

• Das Bett

Das Bett sollte so beschaffen sein, dass das Kind gefahrlos hinein- und herauskommt, ohne dass ihm ein Erwachsener dabei helfen muss.

• Der Tisch (bzw. der spätere Schreibtisch)

Auch Tisch und Stuhl müssen an die Körpergröße des Kindes angepasst sein. Hier kann es die Montessori-Übungen entdecken, die Sie ihm anbieten, geordnet von leicht nach schwer (s. S. 28–29).

• Die Bibliothek

Genau wie Wohn- und Kinderzimmer soll auch die Bibliothek Ihrem Sprössling beim Großwerden helfen. Lassen Sie sich von der Beschreibung auf Seite 46 inspirieren.

Die Spielsachen

Es ist sinnvoll, zu Hause den Bereich für die Montessori-Übungen (also den »Arbeitsbereich«, s. S. 28–29) und den Spielbereich voneinander abzugrenzen. Die Spielsachen sollten dem Kind geordnet präsentiert werden. Weg also mit Spielzeugkisten! Viel besser sind Regale, Tische oder Matten, die themenbezogen, übersichtlich und leicht zugänglich sind.

Was Sie tun können

Stellen Sie auf der Spielmatte Ihres Kindes einen Bauernhof auf und daneben ein Körbchen mit Tieren. Ihr Sohn oder Ihre Tochter spielt gern mit einem Parkhaus oder einer Puppenstube? Dann sorgen Sie dafür, dass für jedes Spiel eine eigene Matte in Reichweite ist.

Außerdem können Sie dem Kind einen kleinen Besen oder eine Schaufel und einen Handfeger geben, damit es seine »Hausarbeit« selbst erledigen kann. Nutzen Sie die Gelegenheit: Jüngere Kinder machen so etwas noch gerne!

Künstlerische Aktivitäten

Ob im Kinderzimmer oder in den Gemeinschaftsräumen – die Kreativ- und Musikecke ist sehr wichtig und sollte auf keinen Fall vernachlässigt werden (s. S. 46).

Die Küche und das Esszimmer

Auch wenn Sie in dem kleinen Racker immer noch Ihr Baby sehen: Ihr Kind kann schon sehr früh Verantwortung übernehmen und Dinge selbst tun, z. B. schon mit anderthalb Jahren sein Gedeck auflegen – wenn die Umgebung es zulässt. Genau wie der Rest der Wohnung müssen auch Küche und Esszimmer so eingerichtet sein, dass das Kind sich an den täglichen Aufgaben beteiligen kann.

Was Sie tun können

Teilen Sie Ihrem Kind einen eigenen, leicht zugänglichen Platz im Regal zu – für seine Becher und Teller, sein Besteck, seine Gläser und seine Servietten, aber auch für Utensilien zum gemeinsamen Kochen (etwa ein Backset oder eine Zitruspresse). Verstauen Sie dort auch alles, was es braucht, um nach dem Essen seinen Platz abzuwischen (eine kleine Schüssel mit Wasser, einen Schwamm usw.).

Stellen Sie in einen anderen Schrank oder in ein Regal in seiner Reichweite alles für seine Zwischenmahlzeit (Kekse, Saft), damit es sich selbst bedienen kann. Vorsicht bei Naschkatzen! Dosieren Sie alles so, dass die ausgewogene Ernährung nicht auf der Strecke bleibt. Wenn Ihr Kind beispielsweise gern zwischen den Mahlzeiten nascht, lassen Sie nur eine Portion Fruchtsaft oder Kekse stehen. Hat es dagegen einen Appetit wie ein kleines Vögelchen, können Sie ruhig die ganze Packung in seinen Schrank stellen.

Auch die Ordnung im Kühlschrank kann angepasst werden: Reservieren Sie beispielsweise ein Fach für Ihr Kind (in seiner Reichweite natürlich), in dem es Obst, Zutaten für Butterbrote oder Ähnliches aufbewahren kann.

Das Badezimmer

Auch Dinge wie Waschen und Zähneputzen, die uns Erwachsenen simpel oder belanglos vorkommen mögen, kann das Kind schon alleine machen – Übung macht schließlich den Meister! Dementsprechend muss auch im Badezimmer die Einrichtung so durchdacht sein, dass alles Nötige zugänglich und problemlos nutzbar ist.

Was Sie tun können

Wenn Sie genug Platz haben, stellen Sie einen Waschtisch mit einem Spiegel auf, an dem Ihr Kind auch sein Handtuch aufhängen kann. Ist Ihr Badezimmer zu klein, können Sie den Waschtisch auch in seinem Zimmer platzieren. Wenn es Zeit fürs Waschen oder Zähneputzen ist, geben Sie dem Kind einen mit Wasser gefüllten Krug. Es kann sich dann alleine waschen und anschließend selbst das Wasser ausleeren gehen. Zeigen Sie ihm, was es machen soll, und sorgen Sie dafür, dass es alles, was es braucht, in Reichweite hat.

Der Flur

Jeden Tag muss Ihr Kind »hier durch« – ob es sich nun morgens für den Kindergarten oder die Schule fertig macht oder nach einem langen Tag nach Hause kommt. Mit wenigen gut durchdachten Änderungen kann auch der Eingangsbereich so gestaltet werden, dass Ihr Nachwuchs alleine klarkommt.

Was Sie tun können

Richten Sie Ihrem Kind eine eigene Ecke ein, wo es ohne fremde Hilfe seine Jacke, seine Schuhe und Dinge wie Handschuhe, Schal und Mütze verstauen kann. Auch ein Foto des Kindes an seiner Garderobe und an seiner Schublade ist ein tolles Accessoire. So bekommt jedes Geschwisterkind seinen eigenen Platz. Ein Spiegel sollte im Flur ebenfalls nicht fehlen, damit Ihr Sprössling sein Outfit prüfen kann, bevor er das Haus verlässt – genau wie die Großen!

Kapitel 4

Montessori-Erziehung im Alltag

All die kleinen Alltagsroutinen Ihres Kindes wie Anziehen, Waschen, Essen und Schlafengehen mögen Ihnen banal vorkommen, tatsächlich aber sind es kolossale Lernprozesse. Auch wenn sie fast automatisch ablaufen, sind es tagtägliche Gelegenheiten, zu lernen, selbstständig zu werden und Selbstvertrauen zu entwickeln. Ein weiteres großes Plus dieser kleinen Gewohnheiten ist, dass sie dem Kind einen Rhythmus und eine Struktur vorgeben, die es beruhigen und ihm emotionale Sicherheit vermitteln. Besonders wichtig ist dies für Kinder unter vier Jahren, die sich gerade in der sensiblen Periode für Ordnung befinden. Wenn ein Kind gut gelaunt und ausgeglichen ist, ist das die beste Voraussetzung für ein harmonisches Familienleben. Ein paar Montessori-Rituale, die sich leicht umsetzen lassen, können daher viel Entspannung in Ihren Alltag bringen.

Waschen und Anziehen

Gehören Sie auch zu den Eltern, denen allein der Gedanke an die Morgentoilette ihres Kindes den Schweiß auf die Stirn treibt? Dann ist Montessori genau das Richtige für Sie! Kleidung auswählen, herauslegen und anziehen, baden und sogar Schmutzwäsche sortieren – all das kann in ein pädagogisches Ritual »eingebaut« werden, dessen Abläufe natürlich an das Alter und die Entwicklung Ihres Kindes angepasst werden müssen.

Das erste Bad ganz allein

Wassergewöhnung leicht gemacht

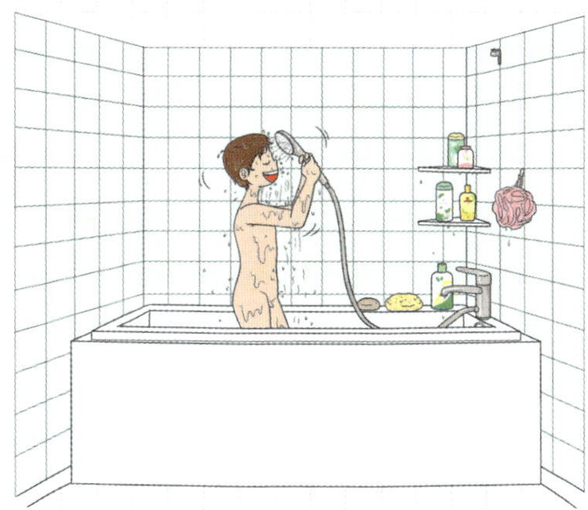

Auch bei der Körperpflege gilt wie immer bei Montessori, dass der Erwachsene möglichst wenig eingreifen sollte – wobei natürlich Sicherheit stets Priorität hat. Also: Wenn Ihr Kind in der Wanne sitzt, müssen Sie vor allem anwesend und wachsam sein.

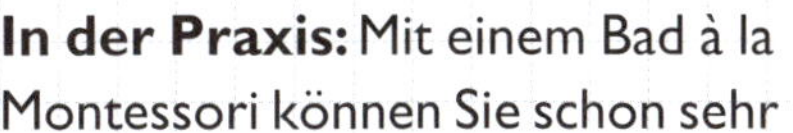

In der Praxis: Mit einem Bad à la Montessori können Sie schon sehr früh loslegen. Sobald Ihr Kind frei sitzen kann, also mit etwa acht Monaten, lassen Sie es seinen Körper erforschen. Geben Sie ihm ein paar kleine Gefäße mit in die Wanne, damit es ausprobieren kann, wie man Wasser vom einen ins andere gießt. Eine hervorragende Art, die Freuden des Badens zu entdecken!

Mit der Zeit wird Ihre Aufgabe vor allem darin bestehen, die Badeumgebung so vorzubereiten, dass Ihr Kind alleine zurechtkommt.

Phase 1: Füllen Sie Seife und Shampoo in kleine Fläschchen, damit Ihr Kind sie leicht handhaben kann. Und vergessen Sie nicht, ihm ein Handtuch hinzulegen, bevor es in die Wanne steigt.

Phase 2: Bleiben Sie während des Badens in seiner Nähe und prüfen Sie regelmäßig die Wassertemperatur. Einseifen und Abbrausen übernimmt das Kind aber selbst! Sie zeigen ihm nur, an welchen Körperstellen es sich möglicherweise noch nicht gewaschen hat. Zum Schluss kommt das Abtrocknen, und auch das macht Ihr Sprössling wie die Großen – ganz allein!

Die Kunst, sich anzuziehen

Wie soll man ein Baby anziehen?

Wenn Eltern ein Kind anziehen, folgen sie vor allem einem Reflex: Sie wollen so schnell wie möglich fertig werden. In der Montessori-Erziehung dagegen kommt es darauf an, sich die Zeit im täglichen Leben zunutze zu machen. Es ist wichtig, schon einem Baby die Handgriffe beim Anziehen zu erklären, auch wenn man den Eindruck hat, dass es das Gesagte nicht versteht.

In der Praxis: Damit es den Ablauf verinnerlicht, sollten Sie Ihr Kind stets in derselben Reihenfolge und Schritt für Schritt ankleiden. Wenn Sie ihm den Body anziehen, lassen Sie es zuerst mit dem rechten und dann mit dem linken Arm hineinschlüpfen, danach kommen die Söckchen, zuerst das rechte, dann das linke, und schließlich die Hose und das Oberteil, immer das gleiche Ritual. Beschreiben Sie jeden Ihrer Handgriffe, z. B.: »Jetzt ziehe ich dir den Body an, zuerst den einen Ärmel, dann den anderen« usw. Das wirkt beruhigend auf Ihr Baby, für das dies alles noch neu ist. Mit der Zeit wird es dann lernen, mitzuhelfen.

Ordnung im Kleiderschrank

Welch ein Hochgenuss, wenn man am Morgen seine Garderobe aus einem wohlgeordneten Kleiderschrank auswählen kann! Dieses angenehme Gefühl sollten Sie auch Ihrem Sohn oder Ihrer Tochter gönnen. Nach der Montessori-Methode bekommt jedes Kind seinen eigenen Schrank und seinen eigenen Platz, denn schließlich ist es ja auch eine eigenständige Person.

In der Praxis: Wenn Sie mehrere Kinder haben, achten Sie darauf, ihre Kleidungsstücke nicht durcheinander zu bringen. Falls Ihre Sprösslinge einen gemeinsamen Schrank benutzen, legen Sie im Voraus fest, wer die rechte und wer die linke Hälfte, die obere Schublade usw. bekommt. Räumen Sie anschließend die Anziehsachen ordentlich ein, so dass Ihre Kinder selbst an alles herankommen. Garderobe, die nicht zur Jahreszeit passt, sollten Sie woanders verstauen.

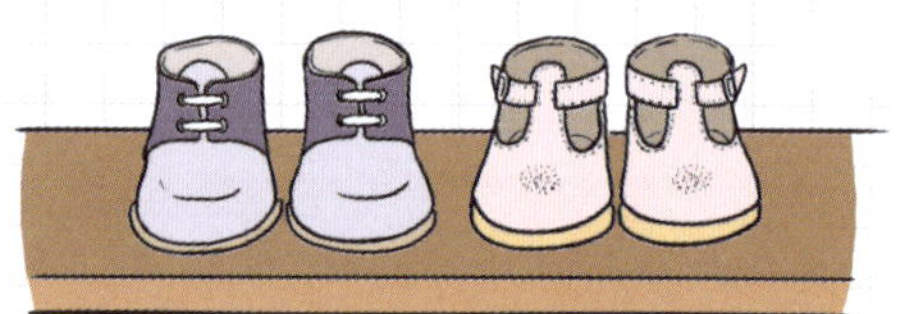

Ich bestimme selbst, was ich anziehe!

Das Kind selbst aussuchen lassen, was es anziehen möchte, ist eine ganz einfache Methode, um seine Selbstständigkeit zu fördern und ihm Verantwortung zu übertragen. Probieren Sie es aus!

In der Praxis: Richten Sie sich nach dem Alter Ihres Kindes. Wenn es noch klein ist, sollten Sie ihm nicht allzu viel Auswahl lassen, um es nicht zu verwirren.

Mit etwa anderthalb bis zwei Jahren ist es langsam alt genug, selbst seinen Tages-Look zu bestimmen. Treffen Sie eine Vorauswahl an geeigneten Kleidungsstücken und legen Sie diese übersichtlich dort zurecht, wo Sie Ihr Kind normalerweise anziehen. Fordern Sie es dann auf, sich etwas auszusuchen. Stellen Sie es aber nicht vor den offenen Kleiderschrank, damit es nicht auf die Idee kommt, ein T-Shirt tragen zu wollen, obwohl es draußen schneit.

Wenn Sie das Gefühl haben, dass Ihr Kind verunsichert ist, treffen Sie die Auswahl an seiner Stelle und bieten Sie ihm später immer wieder an, selbst zu entscheiden.

Ich ziehe mich schon alleine an!

Sich alleine anziehen können ist ein Meilenstein in der Selbstständigkeitsentwicklung eines Kindes. Auch hier sollten Sie Schritt für Schritt vorgehen.

In der Praxis: Wenn Ihr Kind in der Lage ist, sich alleine anzuziehen, ordnen Sie seine Sachen auf dem Boden oder auf dem Bett von links nach rechts in der Reihenfolge an, in der es sie anziehen soll. Legen Sie ganz links die Unterhose hin, dann das linke Söckchen, das rechte Söckchen usw. und schließlich ganz rechts Hose und T-Shirt. Das Kind zieht seine Sachen dann in der richtigen Reihenfolge an, sodass es morgens nicht nur schneller fertig wird, sondern sich mit der Zeit auch die richtige Reihenfolge einprägt und schließlich alles ganz alleine macht – wie die Großen!

Ich »entsorge« selbst meine schmutzige Wäsche

Mit etwa anderthalb Jahren ist Ihr Kind so weit, dass es weiß, wo seine schmutzige Wäsche hingehört, und muss nicht mehr warten, bis Papa oder Mama sie einsammeln. Auch das trägt zu seiner Selbstständigkeit bei – und zu Ihrer Entlastung!

In der Praxis: Stellen Sie einen Wäschekorb oder -sack an einem Ort auf, der für Ihr Kind leicht zugänglich ist (z. B. dort, wo es sich abends auszieht). Zeigen Sie ihm zunächst, dass die schmutzige Wäsche dort hineinkommt, und ermuntern Sie es dann, eigenständig seine Sachen wegzuräumen. Ihr Sohn oder Ihre Tochter kann Ihnen übrigens auch schon helfen, die Waschmaschine zu beladen.

Ich lege meine Sachen zusammen und räume sie ein

Wussten Sie schon? Bereits mit etwa zwei Jahren kann ein Kind beim Zusammenlegen und Einräumen seiner Anziehsachen helfen – vorausgesetzt, man hat ihm gezeigt, wie das geht.

In der Praxis: Bieten Sie Ihrem Kind zu jedem Kleidungsstück ein Übungs-Tablett an (entsprechend den Grundsätzen des praktischen Lebens, s. S. 81), damit es nach und nach lernt, alles selbst zu falten. Dies stärkt seine Selbstständigkeit und sein Selbstvertrauen!

Das Ritual der Abendtoilette

Von der Geburt bis zum Alter von vier Jahren durchlebt das Kind die sensible Periode für Ordnung (s. S. 17–19). Um sich sicher zu fühlen, braucht es immer gleiche Abläufe. Eine feste Struktur hilft ihm, sich harmonisch zu entwickeln. Es ist daher wichtig, aus dem abendlichen Waschen und Umziehen ein Ritual zu machen – und es auch einzuhalten!

In der Praxis: Diese so entscheidende Zeit im täglichen Ablauf wird in jeder Familie anders erlebt und organisiert. Sie selbst müssen entscheiden, welches Ritual am besten zu Ihnen und Ihren Lieben passt. Folgendes Beispiel wäre denkbar:

- Wählen Sie zunächst zusammen mit Ihrem Kind einen Schlafanzug aus seinem Schrank aus und legen Sie anschließend die Kleidungsstücke von links nach rechts auf dem Bett zurecht.
- Gehen Sie ins Badezimmer und legen Sie das Handtuch neben die Dusche oder die Badewanne.
- Ziehen Sie das Kind aus und werfen Sie schmutzige Sachen in den Wäschekorb. Wenn Ihr Kind alt genug ist, kann es dies selbst tun.
- Wenn es geduscht und sich abgetrocknet hat (unter Ihrer liebevollen Aufsicht natürlich), begleiten Sie das Kind in sein Zimmer, um den Schlafanzug anzuziehen. Dann geht's zurück ins Badezimmer, um saubere Kleidungsstücke zusammenzulegen und wegzuräumen, die Haare zu kämmen und die Zähne zu putzen.

Die Mahlzeiten

Gemeinsame Mahlzeiten gehören zu den schönsten Zeiten im Tagesablauf einer Familie – es sei denn, Ihr Nachwuchs weigert sich, zu essen. Auch hier hat die Montessori-Methode einiges zu bieten, damit es bei Tisch harmonisch zugeht!

Die Mahlzeiten des Kindes gestalten

Mahlzeiten à la Montessori sollen etwas Angenehmes sein und dürfen nicht in Machtkämpfe ausarten oder bei Ihrem Kind Lebensmittelphobien auslösen. Respektieren Sie also beim Kochen seinen Geschmack!

In der Praxis: Bis zu einem Alter von etwa anderthalb Jahren probiert ein Kind recht problemlos alles, was man ihm anbietet. Lassen Sie es daher mit dem schrittweisen Übergang zur Beikost so viele unterschiedliche Geschmacksrichtungen wie möglich entdecken. Denn die Vorlieben, die ein Kind vor dem zweiten Geburtstag entwickelt, bleiben bis ins Erwachsenenalter bestehen!

So regen Sie die Geschmacksentwicklung Ihres Babys an

- Mit ca. 6 Monaten: Bieten Sie Ihrem Baby bei jeder Mahlzeit je nach Saison eine andere Gemüse- oder Obstsorte in gekochter Form an. Hochallergene Sorten wie Sellerie oder Kiwi sollten Sie allerdings meiden.
- Mit ca. 8 Monaten: Fördern Sie seine Geschmacksentwicklung, indem Sie Kräuter (gekocht) und milde Gewürze, später auch würzende Zutaten wie Knoblauch und Zwiebeln einführen. In diesem Alter können Sie auch die ersten Mahlzeiten mit kleinen Stückchen verabreichen.
- Mit ca. 9 Monaten: Sie können Ihrem Kind nun rohe, zerdrückte Früchte geben (Banane, Pfirsich, Birne). Wenn es 10–12 Monate alt ist und schon gut kauen kann, bieten Sie ihm sehr klein geschnittene Rohkost an (rote Bete, junge Möhren usw.).

Ihr Kind ist zwischen 18 und 24 Monaten alt und lehnt alles ab, was Sie ihm hinstellen? Das Spiel mit dem Löffelchen für Oma und für den Lieblingsonkel funktioniert nicht mehr, und Ihr kleiner Querkopf kneift bei Ihren Löffelattacken mit leckerem Biobrei hartnäckig die Lippen zusammen? Auch wenn dieses Verhalten zugegebenermaßen ziemlich nervig ist, seien Sie beruhigt: Es ist ganz normal. In diesem Alter beginnt die Autonomie- oder Trotzphase Ihres Kindes, und oftmals weigert es sich nun, bestimmte Dinge zu essen. Ihre Aufgabe ist es dann, ruhig und freundlich zu bleiben und ihm neue Speisen immer wieder anzubieten, bis es sie schließlich probiert. Verlangen Sie konkret von Ihrem Kind, alles zu kosten, respektieren Sie aber seinen Geschmack, wenn es bei seiner Ablehnung bleibt! Vermeiden Sie auch, das Essen mit einem bestimmten Verhalten zu verknüpfen. So sollte Ihr Sprössling nicht mit einem Bonbon dafür belohnt werden, dass er seinen Teller mit Brokkoli leer gegessen hat. Mit so einem kleinen Deal würden Sie ja die Botschaft vermitteln, dass Brokkoli nicht schmeckt!

Wenn das Kind noch etwas älter ist, kann es auch eigene Wünsche für den Speiseplan äußern. Vergessen Sie aber nicht, dass Sie in der Familie der (Küchen-) Chef sind und Ihr Kind der Follower!

In der Küche eine eigene Ecke für das Kind einrichten

Auf Seite 51 finden Sie Tipps, wie Sie die Küche so einrichten können, dass jedes Familienmitglied dort seinen eigenen Platz hat und Ihr Kind selbstständiger werden kann.

Den Tisch decken und abräumen

Bei den täglichen Aufgaben mithelfen, nach einer Aktivität aufräumen – diese Montessori-Regeln gelten für alle Kinder ab anderthalb Jahren auch bei den Mahlzeiten. So wird Essen zum Genuss!

In der Praxis:

Stellen Sie Ihrem Kind alles zur Verfügung, was es zum Tischdecken braucht (s. S. 51), insbesondere ein Set, auf dem markiert ist, wo der Teller, das Glas, der Löffel usw. hingehören. Daran kann es sich beim Decken orientieren.

Nach ein paar Wochen können Sie Ihr Kind auffordern, den Tisch mit einem Set ohne Markierungen zu decken, das vorherige Set jedoch in seiner Reichweite liegen lassen, damit es sich korrigieren kann. Nach dem Essen sollte Ihr Kind wissen, wohin es die Sachen räumen muss – alles in seinem eigenen Tempo. Lassen Sie ihm Zeit und hetzen Sie es nicht!

Warum sollten Kinder zerbrechliches Geschirr (Glas, Porzellan) bekommen?

Wenn es ans Tischdecken geht, stellen viele Eltern Ihrem Kind lieber einen Plastikteller hin, in der Sorge, es könnte etwas kaputtgehen. Das ist ungünstig. Besser ist es, ihm richtiges Geschirr zu geben. Warum?

1. Das Kind soll das Gefühl haben, dasselbe zu tun wie die Erwachsenen, die es ja beobachtet. Mit einem Plastikteller bekommt es vermittelt, dass es als Baby betrachtet wird, und enttäuscht sein.
2. Auch wenn das eine oder andere Stück zu Bruch geht: Nur ein Kind, dem man Verantwortung überträgt, wird lernen, sorgfältig mit seinen Sachen umzugehen.
3. Dank seines absorbierenden Geistes entwickelt das Kind einen Sinn für das Schöne – wenn man ihm schöne Dinge gibt!

Kochen

Sie hatten sich schon darauf eingestellt, (mindestens) bis zur Volljährigkeit Ihres Kindes Küchendienst zu haben? Entspannen Sie sich! Nach Montessori soll das Kind alles in seiner Reichweite haben, um Ihnen beim Kochen zu helfen und sogar selbstständig seine Mahlzeit zuzubereiten (s. S. 51).

In der Praxis:

Kochen lernen braucht seine Zeit, doch schon die Jüngsten können mithelfen, indem sie kleine Aufgaben übernehmen. Wenn Ihr Baby acht oder neun Monate alt ist, führen Sie ein paar Gewürze und Kräuter in seinen Ernährungsplan ein. Wenn es ein wenig älter ist, lassen Sie es sein Essen selbst ein wenig würzen – allerdings nicht in rauen Mengen, versteht sich!

Machen Sie Ihr Kind beim Kochen auf die verschiedenen Gerüche aufmerksam und lassen Sie es von den Speisen kosten, die Sie gemeinsam zubereiten. Fordern Sie es später bei Tisch auf, zu beschreiben, wie die Dinge schmecken. Damit es sich nicht mit einem »mag ich« oder »mag ich nicht« begnügt, sollten Sie es zu einer differenzierteren Ausdrucksweise anregen: Das prickelt, das ist scharf, das brennt, das ist salzig …

Essen am Familientisch

Ob in der Schule oder am Arbeitsplatz: Schon den Gedanken, in der Mensa oder der Kantine ganz allein vor Ihrem Tablett sitzen zu müssen, fanden Sie von jeher unangenehm. Dasselbe empfindet auch Ihr Kind. Wenn es alleine essen soll, fühlt es sich ausgeschlossen. Damit die Mahlzeiten ein Genuss bleiben, ist es wichtig, sie so oft wie möglich gemeinsam mit der ganzen Familie einzunehmen. Bei diesen Gelegenheiten stellt das Kind nämlich auch fest, wie sehr die Erwachsenen beispielsweise Fisch oder Spargel mögen und Neuheiten auf dem Speiseplan schätzen – die beste Empfehlung zur Nachahmung!

In der Praxis:

Sobald Ihr Kind frei sitzen kann, setzen Sie es in seinen Hochstuhl zu sich an den Esstisch und versuchen Sie, die Ernährung der Familie nach Möglichkeit auf den Sprössling einzustellen. Wie das geht? Bereits mit sieben oder acht Monaten kann Ihr Baby Nudeln oder Grießbrei mit Ihnen gemeinsam essen. Ab zwölf Monaten können Sie ihm Rohkost geben. Von einem Tomatensalat (ohne Schalen und Kerne) oder geraspelten Möhren, die Sie für es zubereiten, können alle kosten! Später dann, ab etwa anderthalb Jahren, kann Ihr Kind grundsätzlich das Gleiche essen wie Sie (außer bei Unverträglichkeiten).

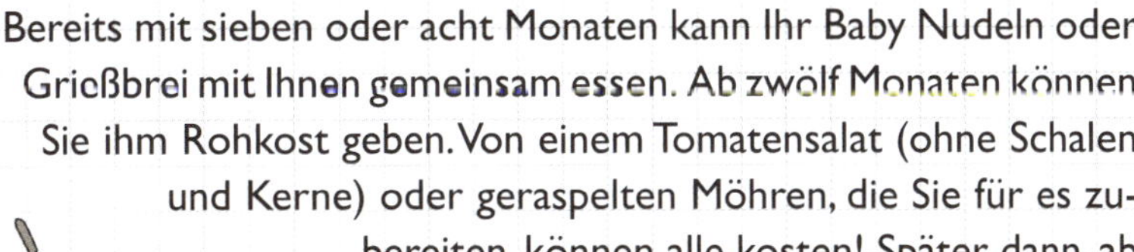

Genau wie bei uns Erwachsenen gilt auch bei Kindern: Das Auge isst mit. Kinder verinnerlichen schöne

Dinge, um sie dann nachzuahmen. Sorgen Sie also für ansprechende Farben, vermeiden Sie ein zu großes Durcheinander auf dem Teller und verwenden Sie hübsches Geschirr. Beim Anblick einer Kindermahlzeit sollte selbst den erfahrensten Instagrammern das Wasser im Mund zusammenlaufen!

Sinne schärfen – aber wie?

Gemeinsames Kochen und Essen bieten eine Fülle von Gelegenheiten zur Sinnesbildung.

In der Praxis:

Sobald Sie mit der Beikost beginnen, können Sie Ihr Kind an den angebotenen Speisen schnuppern lassen. Wenn es dann schon einigermaßen gut sprechen kann (etwa ab zwei Jahren), lassen Sie es beschreiben, was es riecht.

Auch der Tastsinn kann bei den Mahlzeiten angesprochen werden. So kann Ihr Baby bereits mit etwa neun Monaten kleine Stücke von sehr weichem und reifem Obst essen (Banane, Birne, Aprikose), deren Beschaffenheit es wahrnimmt, wenn es sie in den Mund steckt. Mit etwa einem Jahr entdeckt es die ersten festen Gemüsesorten. Schon mit etwa anderthalb Jahren (manchmal sogar schon früher) kann es selbst Hand anlegen und Ihnen helfen, Eier aufzuschlagen, Mehl oder Zucker einzufüllen usw.

Sorgen Sie am Familientisch dafür, dass alle sich so ausführlich wie möglich zum Essen äußern, und hören Sie zu, was Ihr Kind zu sagen hat. Stellen Sie auch ruhig Fragen, um sicherzugehen, dass alle das Gesagte auch verstanden haben.

Das Zubettbringen

Ein Kind ins Bett zu bringen erfordert viel Liebe, aber auch eine Prise Konsequenz. Leider gibt es nur wenige Exemplare, die sofort nach dem Hinlegen in Morpheus' Armen versinken und ihren Eltern nicht noch ein paar Extras abverlangen …

Fürs Durchschlafen gibt es kein festes Alter!

Schläft mein Kind genug? Macht es ausreichend Tagesschläfchen? Solche und ähnliche Fragen stellen sich viele Eltern. Natürlich gibt es grobe Richtwerte. So schätzt man, dass Kinder unter drei Monaten 16 bis 20 Stunden täglich schlafen und dies nach und nach immer weiter abnimmt, sodass sie z. B. mit etwa sechs Monaten nur noch 14 bis 15 Stunden Schlaf brauchen usw. Das sind allerdings nur Durchschnittsangaben. In der Realität gibt es kleine Murmeltiere, die viel Schlaf brauchen, und andere, die mit wenig auskommen. Manche Kinder schlafen nachts wenig und machen dafür ausgedehnte Tagesschläfchen – oder umgekehrt. Auch beim Schlafen – wie bei allem anderen – gilt nach Montessori die Devise: Jedes Kind hat seinen eigenen Rhythmus, der respektiert werden muss.

In der Praxis:

In den ersten acht bis zwölf Lebenswochen sollten Sie sich bedingungslos dem Rhythmus Ihres Babys anpassen. Danach können Sie einen Ablauf einführen, der seinem natürlichen Rhythmus und seinen Bedürfnissen gerecht wird, die sich in den ersten Lebensmonaten allerdings sehr stark verändern. Beachten Sie auch, dass die meisten Kinder zwar mit etwa anderthalb Jahren tagsüber nur noch einen Mittagsschlaf brauchen, aber dass es auch hier keine allgemeingültige Regel gibt!

Eine Umgebung der Geborgenheit schaffen

Auch die Schlafumgebung muss vorbereitet werden. Die Voraussetzung für einen guten Schlaf ist eine sehr ruhige und entspannte Atmosphäre.

In der Praxis:

Achten Sie darauf, Ihr Kind immer am selben Ort und in derselben Umgebung schlafen zu legen, vor allem in den ersten Lebensmonaten. So kann es Orientierungspunkte zu seiner Beruhigung finden. Ist es einmal notwendig, dass Sie Ihr

Kind an einem anderen, ungewohnten Ort zu Bett bringen, sollten Sie ihm dies unbedingt mit einfachen Worten erklären.

Wenn Sie nach dem Zubettgehritual aus dem Zimmer gehen, vergessen Sie nicht, Ihrem Kind zu sagen, dass Sie bald zurückkommen und dass Sie es lieben. Zur Beruhigung können Sie ihm auch ein Kuscheltier geben oder ein Tuch oder Kleidungsstück überlassen, das nach Ihnen riecht.

Rituale einführen

Auch bei einem sehr kleinen Baby ist ein Zubettgehritual ausgesprochen wichtig. Bestimmte Dinge sind aber auch hier zu beachten. Zunächst einmal darf das Ritual nicht systematisch sein, damit Ihr Baby nicht abhängig wird. Außerdem muss sich das Ritual mit dem Heranwachsen des Kindes verändern können. Grundsätzlich sollte die gleiche Struktur beibehalten werden, im Lauf der Monate sollten jedoch bestimmte Elemente hinzugenommen oder weggelassen werden. So will z. B. ein sehr kleines Kind (bis etwa zwei Jahre) das Bilderbuch selbst halten und die Seiten nach Belieben umblättern. Später ist es dann der Erwachsene, der das Buch festhält und die Geschichte daraus vorliest. Das Ritual bleibt also das gleiche (abendliches Waschen, dem Kind sagen, dass man es lieb hat, Gutenachtkuss, Licht ausmachen usw.), aber ein Element hat sich verändert.

In der Praxis:

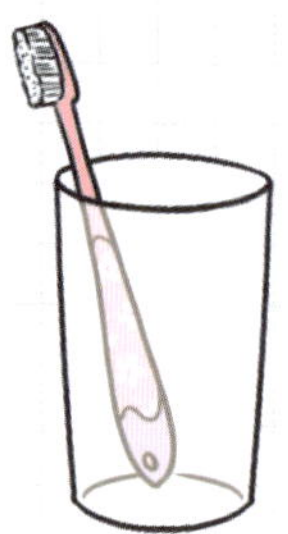

Es gibt ebenso viele Zubettgehrituale, wie es Familien gibt. Das Wichtigste ist, dass der gewählte Ablauf beruhigend auf das Kind wirkt und auch Ihnen Spaß macht. Ein paar grundsätzliche und wichtige Orientierungspunkte sind das abendliche Bad, das Anziehen des Schlafanzugs, das Vorlesen, das anschließende Kuscheln usw. Lassen Sie das Bad aber weg, wenn es nicht sinnvoll ist oder das Kind nur aufputscht. Belassen Sie es dann dabei, Hände und Gesicht zu waschen, die Zähne zu putzen (ab dem ersten Zähnchen!) und die Windel zu wechseln. Fertig!

Wenn Sie dann im Kinderzimmer sind, kann etwas Musik nicht schaden. Möglichkeit Nummer eins: ein Schlaflied singen. Alle Babys genießen es, ihre Lieblingsmelodie zu hören, denn das wirkt ungemein beruhigend. Alternativ tut es aber auch eine CD mit klassischer oder sanfter Musik.

Wenn Ihr Kind heranwächst, bietet das Zubettgehen nicht nur eine gute Gelegenheit, die Gutenachtgeschichte auszudehnen (die im Übrigen die Vergrößerung des Wortschatzes fördert), sondern auch, ein bisschen Zeit zu zweit zu verbringen. Fordern Sie Ihr Kind zum Beispiel ruhig und einfühlsam auf, Ihnen zu erzählen, was es tagsüber erlebt hat. Später dann, wenn Ihr kleiner Liebling schon recht selbstständig ist, d. h. mit etwa vier bis fünf Jahren, kann er es sich auch eine Weile allein in seinem Bett gemütlich machen und Bücher anschauen oder lesen.

Kapitel 5

Die Montessori-Methode für Ihr Baby

In den ersten Lebensmonaten wächst und entwickelt sich Ihr Baby so schnell, dass Sie sich fragen: Begleite ich es auch gut durch diese so wichtigen Lebensphasen? Biete ich ihm zu viel Anregung? Oder nicht genug?

Auch Montessori-Pädagogen haben sich ähnliche Fragen gestellt, und um ihre Methode an die Allerkleinsten in ihren ersten Lebensmonaten anzupassen, haben sie sich lange über Wiegen gebeugt. Zu welchem Schluss sind sie gekommen? Eine sorgfältig vorbereitete Umgebung mit bestimmten Gegenständen, die zum Lernen einladen, ist unerlässlich für die Anregung eines Babys. Hier eine kleine Übersicht über das Material, mit dem Sie Ihren kleinen Schatz beim Großwerden begleiten können.

Bilder in Schwarz-Weiß

Alter: ab der Geburt

Schon ein Neugeborenes ist fähig, seine Umgebung zu sehen. Sein Sehvermögen ist aber noch nicht vollständig ausgereift; so nimmt es beispielsweise erst mit etwa fünf Wochen Farben wahr, und seine Sehschärfe beträgt zunächst nur 1/20. Es kann also nur das gut erkennen, was nicht weiter entfernt ist als 20 Zentimeter. Doch trotz dieses noch unausgereiften Sehens verfügt das Baby schon über beachtliche Fähigkeiten: Es kann Kontraste unterscheiden, sein Gegenüber fixieren und dessen Blick erwidern.

Wichtigste Etappen in der Entwicklung des kindlichen Sehens

- Mit etwa 1 bis 2 Monaten kann das Kind kräftige Farben (Rot oder Grün) sehen.
- Mit etwa 2 Monaten sieht es in einem Winkel von 30 Grad bis zu 60 Zentimeter weit. Es beginnt, sich für seine Umwelt zu interessieren, vor allem aber für die Gesichter seiner Eltern.
- Mit etwa 3 Monaten kann es Blau und Grün unterscheiden und betrachtet nun immer aufmerksamer die Gegenstände in seiner Umgebung.
- Mit etwa 4 Monaten ist es fähig zur Auge-Hand-Koordination und kann gezielt nach etwas greifen.
- Mit etwa 5 Monaten beginnt das binokulare Sehen (das Kind sieht also nicht nur das, was vor ihm ist, sondern nimmt auch Dinge an der Peripherie wahr) und das räumliche Sehen. Das Baby kann jetzt auch sogenannte Zwischenfarben (Rosa, Beige usw.) erkennen.
- Mit etwa 6 Monaten erweitert sich sein Gesichtsfeld auf 60 Grad. Es kann jetzt Entfernungen besser einschätzen.
- Mit etwa 12 Monaten gleicht sein Sehvermögen dem eines Erwachsenen.

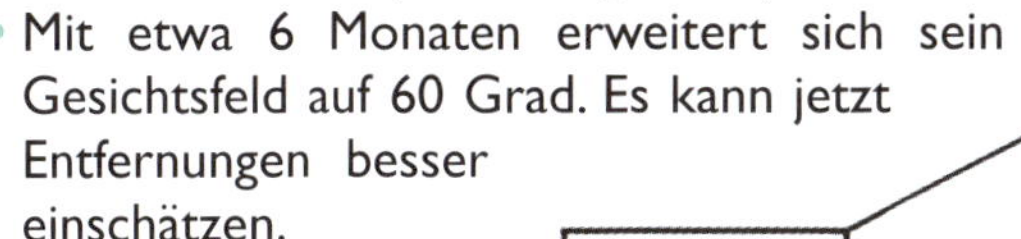

In der Praxis: Bringen Sie in unmittelbarer Nähe zu Ihrem Kind Bilder mit konkreten und abstrakten Schwarz-Weiß-Motiven an. Mit der Zeit wird Ihr Baby lernen, seine Aufmerksamkeit auf eines der Bilder zu fokussieren. Seien Sie aber nicht enttäuscht, wenn es nicht sofort Interesse zeigt. Vielleicht nimmt es die Bilder nur einfach noch nicht wahr.

Mobiles

Alter: ab der Geburt

Ein Mobile über dem Babybettchen: unentbehrlich oder überflüssig? Alle (werdenden) Eltern wollen ein solches Lieblingsspielzeug für ihr Neugeborenes anschaffen, und sei es nur als Deko-Artikel fürs Kinderzimmer. In der Montessori-Pädagogik sind Mobiles allerdings bei Weitem nicht bloß Accessoires, sondern eine visuelle Aktivität par excellence (ohne jede musikalische Untermalung!). Sie sind geradezu prädestiniert, um:

- das Fokussieren zu lernen;
- das Sehvermögen zu stimulieren;
- zur dreidimensionalen Wahrnehmung anzuregen;
- den Sinn für Ästhetik auszubilden.

Auch wenn sich der Säugling anfangs damit »begnügt«, das Mobile zu betrachten (was für sich genommen bereits einen wichtigen Entwicklungsschritt darstellt), macht er sich anhand des Mobiles auch sehr schnell bewusst, dass seine Bewegungen eine Wirkung haben. Das Baby muss sich konzentrieren, um das Spielzeug zu berühren, und es freut sich, wenn es das hübsche Ding ganz allein mit seinen Händchen zum Schwingen bringen kann. Das Mobile hilft ihm also auch dabei, seinen Willen zu bilden.

Bei Montessori kommen vier Mobile-Typen zum Einsatz, und zwar in folgender Reihenfolge:

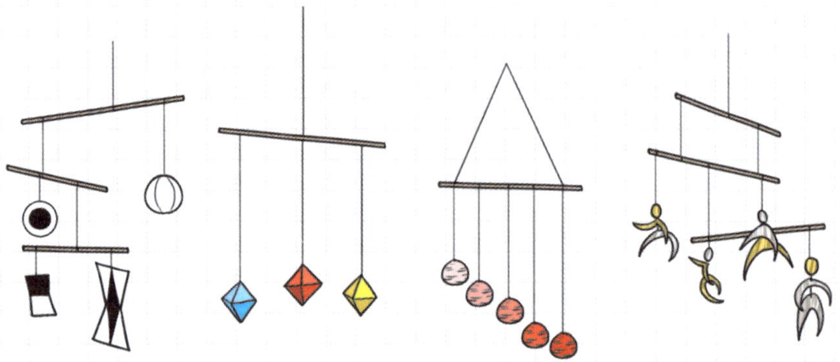

1. Das Munari-Mobile

Das Munari-Mobile, das aus schwarz-weißen Motiven und einer Glaskugel besteht, gehört zu den allerersten Montessori-Aktivitäten. Die Glaskugel reflektiert das Tageslicht und bewegt sich bereits bei der leichtesten Luftströmung, sodass sie den Blick des Kindes anzieht. Dank des starken Hell-Dunkel-Kontrasts stimuliert das Mobile die visuelle Wahrnehmung des Babys, noch bevor dieses in der Lage ist, Farben zu erkennen.

2. Das Oktaeder-Mobile

Das zweite Montessori-Mobile für die ganz Kleinen besteht aus drei kleinen Oktaedern (geometrische Körper mit acht Seiten) in den Grundfarben Rot, Gelb und Blau. Dieses Mobile schult das Baby in der räumlichen Wahrnehmung sowie in der Wahrnehmung von geometrischen Formen und deren Verhältnissen.

3. Das Gobbi-Mobile

Das dritte Mobile verdankt seinen Namen Gianna Gobbi, einer Assistentin von Maria Montessori. Es besteht aus fünf gleich großen Kugeln der gleichen Farbe in unterschiedlichen Schattierungen. Die Kugeln werden mit Stickgarn umwickelt, das im Licht glänzt, um die Wahrnehmung der Farbnuancen zu stimulieren, und in aufsteigender Reihenfolge von Dunkel nach Hell aufgehängt (die dunkelste Kugel am tiefsten, die hellste am höchsten).

4. Das Tänzer-Mobile

Das Tänzer-Mobile ist das letzte in der Montessori-Folge. Es besteht aus stilisierten Figuren, die aus bunter Metallfolie ausgeschnitten werden und sich beim leisesten Lufthauch bewegen. Mit diesem Mobile wird die visuelle Entwicklung des Säuglings stimuliert, weil er dazu angeregt wird, den Tänzern mit den Augen zu folgen.

In der Praxis: Hängen Sie ab der Geburt ein Mobile über dem Bettchen Ihres Babys auf, und zwar auf Höhe seiner Schultern. Das Mobile soll so tief hängen, dass das Baby es sehen und später auch berühren kann (zu Beginn in etwa 20–30 cm Höhe). Tauschen Sie das Mobile regelmäßig aus, schließlich soll sich Ihr Kind nicht damit langweilen, sondern neue Fertigkeiten entwickeln. Empfehlenswert sind folgende Zeitabstände:

- Ab der Geburt bis 5./6. Woche: das Munari-Mobile;
- mit 6 bis 8 Wochen: das Oktaeder-Mobile;
- mit 8 bis 10 Wochen: das Gobbi-Mobile;
- danach: Mobile mit stilisierten Figuren (z. B. Tänzer).

Danach können Sie das Mobile etwa alle zwei Wochen austauschen und das Kind damit spielen lassen, solange es Freude daran hat; ein Höchstalter gibt es nicht!

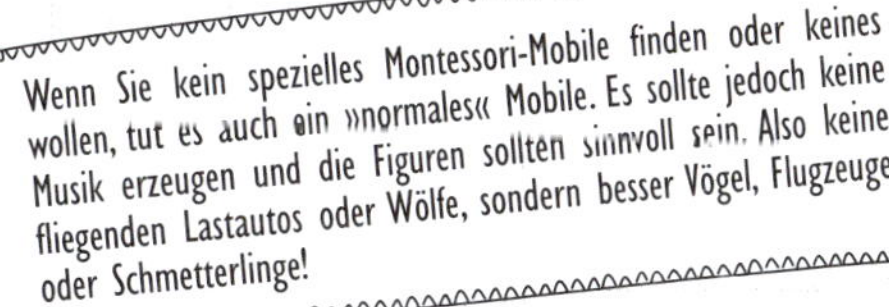

Spiel- und Lerndecke

Alter: ab der Geburt

Im anstrengenden Alltag ist die Versuchung (oft) groß, das Baby in eine Wippe zu setzen – und sei es nur, um einmal zu verschnaufen! Besser ist allerdings eine Spiel- und Lerndecke, auf der das Kind sich frei bewegen und so seine Motorik rascher entwickeln kann, und deren unterschiedliche Materialien und Strukturen Ihm mehr Sinneserfahrungen ermöglichen. Die Spiel- und Lerndecke hat alles, was es braucht!

In der Praxis:

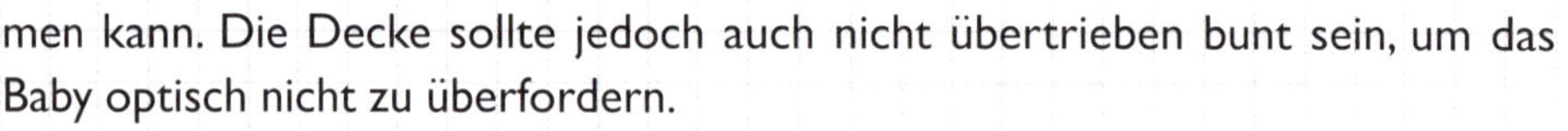

Im Handel sind Spiel- und Lerndecken in allen Variationen erhältlich. Wählen Sie ein hübsches Exemplar mit unterschiedlichen Strukturen aus (den kindlichen Sinn für Schönes kann man nicht früh genug anregen!). Auch starke Farbkontraste sind wichtig, da der Säugling sie in den ersten Lebenswochen leichter wahrnehmen kann. Die Decke sollte jedoch auch nicht übertrieben bunt sein, um das Baby optisch nicht zu überfordern.

Tipp zum Aufpeppen: Befestigen Sie kleine Schildchen oder Fingerpüppchen an der Decke, die Ihr Kind zum Greifen reizen.

Spielbogen aus Holz

Alter: ab der Geburt bis zum Alter von 6–8 Monaten

Ein Spielbogen, der im Handel häufig zusammen mit einer Spieldecke angeboten wird, ist ein Gestell mit kleinen Spielzeugen, das über dem liegenden Baby aufgestellt wird. Dies ist im Großen und Ganzen auch das Prinzip des Montessori-Bogens, doch hat dieser noch ein paar Besonderheiten. Er ist immer aus Holz (weil nach Montessori nur hochwertige Materialien verwendet werden sollten) und mit einfachen, kleinen Gegenständen (z. B. Kugeln oder Scheiben) in stark kontrastierenden Farben geschmückt, je nach dem visuellen Entwicklungsstadium des Säuglings. Auf diese Weise trainiert das Baby seine Sehschärfe, seinen Muskeltonus und seine Motorik, aber auch seine Auge-Hand-Koordination, wenn es versucht, die kleinen Gegenstände zu packen – im Allgemeinen mit ca. drei bis vier Monaten (wobei auch hier gilt: Jedes Kind hat sein eigenes Tempo!). Der Spielbogen trägt außerdem

zur Intelligenzentwicklung bei, weil das Kind begreift, dass es einen Zusammenhang zwischen seiner Berührung und der Bewegung des Spielzeugs gibt.

In der Praxis: Lassen Sie das Baby ruhig schon in den ersten Lebenswochen seinen Spielbogen entdecken. Hier ein paar Tipps, wie Sie es bei diesen ersten Lernfortschritten unterstützen können:

- Legen Sie es immer unter den Spielbogen, aber am besten auf ein Fell oder eine einfache Decke und nicht auf die Spiel- und Lerndecke, um es nicht von allen Seiten zu stimulieren.
- Platzieren Sie die kleinen Gegenstände so, dass Ihr Kind sie sehen und später auch greifen kann.
- Sorgen Sie dafür, dass sich der Spielbogen mit Ihrem Kind »weiterentwickelt«. Hängen Sie in den ersten fünf bis sechs Wochen schwarz-weiße Objekte daran auf und gehen Sie dann zu starken Farbkontrasten (Grün und Rot) und schließlich zu farblich abgestuften Gegenständen über.

Spiegel mit Balken

Alter: ab der Geburt

Man kann gar nicht früh genug anfangen, sich selbst zu bewundern! Über sein Spiegelbild nimmt das Kind sein Selbst wahr; es entdeckt seinen Körperbau und seine Einzigartigkeit. An einem Balken, der am Spiegel angebracht wird, kann Ihr Sprössling sich hochziehen und so seine Armmuskulatur und seinen Gleichgewichtssinn trainieren. Mit der Zeit wird Ihr Kind aufrecht stehen können. Probieren Sie's aus!

In der Praxis: Legen Sie Ihr Baby schon in den ersten Lebenstagen auf ein Fell, eine Decke oder eine Matratze vor einem Spiegel, der sehr breit und höher als es selbst ist, damit es alle seine Bewegungen und sein vollständiges Spiegelbild sehen kann.

Sobald es frei sitzt oder versucht, sich zum Stehen hochzuziehen, bringen Sie einen Balken an, an dem es sich aufrichten kann. Allerdings müssen Sie damit rechnen, dass sich Ihr Kind, sobald es endlich steht, wieder hinplumpsen lässt. Sorgen Sie deshalb unter dem Balken unbedingt für eine gute Polsterung!

Bälle

Alter: variabel, je nach Modell

Vergessen Sie die Berge von Kuscheltieren und Babyspielzeug, die letzten Endes doch nur unbeachtet in irgendeiner Ecke landen. Nehmen Sie stattdessen Bälle, denn Bälle sind tolle Gegenstände, und jedes Kind liebt sie; es kann hinter ihnen herrobben, nach ihnen greifen oder sie über den Fußboden rollen lassen. Aber Bälle machen nicht nur Spaß, sondern sind auch sehr wichtig für die Entwicklung Ihres Babys, denn sie schulen das Greifen und den Tastsinn, regen zur Fortbewegung an und tragen so zur motorischen Entwicklung bei. Was will man mehr?

In der Praxis: Stellen Sie Ihrem Kind möglichst schon ab den ersten Lebenswochen Bälle zur Verfügung, die Sie mit der Zeit an sein jeweiliges Entwicklungsstadium anpassen.

Bis zum vierten Monat sollten Sie dem Baby vor allem kleine sensorische Bälle (Holz-, Gummi- oder Häkelbälle mit Noppen, mit Spiegeln, geriffelt oder hohl) in verschiedenen Farben geben. In diesem Alter dient der Ball vor allem dazu, die Sinne zu stimulieren. Achten Sie darauf, nicht mehr als sechs Bälle auf einmal anzubieten, die in einem kleinen Körbchen aufbewahrt werden.

Zwischen vier und sechs Monaten entwickelt sich die Auge-Hand-Koordination des Babys, das seine Bewegungen nun immer gezielter ausführt. Jetzt ist ein guter Zeitpunkt für die Einführung des Montessori-Greifballs. Er besteht aus zwölf weichen kleinen Stoffkissen und hat den Vorteil, dass er sehr einfach zu handhaben ist und nicht so schnell wegrollt, weshalb das Baby ihn leicht greifen kann. Aber auch ein Oball ist eine gute Wahl. Diese sehr leichte Kunststoffkugel mit Fingerlöchern ist geschmeidig, flexibel und einfach festzuhalten. So kann das Kind den Oball problemlos greifen und ihn von der einen Hand in die andere nehmen.

Greiflinge

Alter: ab der Geburt

Über diesen Star unter den Lernspielzeugen gibt es eigentlich nicht mehr viel zu sagen! Der Greifling als Babyspielzeug par excellence ist in den ersten Lebenswochen unentbehrlich – ganz egal, ob man sein Kind nun nach Montessori erziehen möchte oder nicht. Dieser kleine Gegenstand ermöglicht dem Baby kolossale Entwicklungsschritte, die die Eltern manchmal nur erahnen können. Um nur einige zu nennen:

- Förderung der Auge-Hand-Ohr-Koordination, wenn der Greifling mit Schellen versehen ist;
- Sinnesschulung des Säuglings (Sehen der Bewegung, Hören des Geräuschs, Ertasten des Spielzeugs usw.);
- Entwicklung der Feinmotorik (Handkoordination, später Übung des Pinzettengriffs usw.);
- Stärkung des Selbstvertrauens.

Im Handel ist eine Vielzahl von Montessori-Greiflingen aus Naturmaterialien erhältlich, die Sie dem Baby geben können, sobald es zum Greifen in der Lage ist. Hier ein paar Shopping-Tipps:

- ringförmige Greiflinge mit mehreren großen Holzperlen (manchmal auch Schellen), die durch eine Schnur miteinander verbunden sind – hervorragend geeignet zur Schulung der Feinmotorik für die Allerkleinsten!
- Hänge-Greiflinge (Schellen, Ringe, Greifbälle oder -würfel) werden an einem Band über dem Baby aufgehängt, zum Beispiel an einem Spielbogen aus Holz. Bei seinen ungezielten Bewegungen berührt der Säugling diese Objekte, und mit der Zeit wird ihm bewusst, dass das, was er tut, eine Wirkung hat.

In der Praxis: Bieten Sie Ihrem Kind bereits in den ersten Lebenswochen Greiflinge an, auch wenn es sie erst mit drei bis vier Monaten in die Hand nehmen wird.

Um seine Neugier zu wecken, können Sie eine Art »Rotationssystem« anwenden. Entfernen Sie Greiflinge, für die es augenscheinlich das Interesse verloren hat, und holen Sie sie ein paar Wochen später wieder hervor.

So basteln Sie selbst einen Perlen-Greifling für Ihr Baby:

Machen Sie in ein Ende eines Bandes oder einer dicken Schnur einen festen Knoten. Fädeln Sie dann fünf oder sechs große Holzperlen auf und machen Sie dabei nach jeder Perle einen weiteren Knoten. Zum Schluss das Ganze zu einem Ring verknoten – fertig! Kontrollieren Sie täglich, ob die Knoten noch intakt sind!

Kapitel 6

Montessori-Übungen für zu Hause

Nach Maria Montessori muss sich das Lernen auf fünf große thematische Bereiche erstrecken: **praktisches Leben, Sinnesschulung, Mathematik, Sprache und Kultur.**

In jeder dieser Disziplinen werden dem Kind über entsprechende Übungen bestimmte Erkenntnisse ermöglicht, die ihm helfen, nach und nach seine Umwelt zu begreifen, Selbstvertrauen und Selbstständigkeit zu entwickeln und schließlich glücklich zu werden. Wenn auch Sie zu den Eltern gehören, die diese Übungen gern zu Hause anwenden möchten, blättern Sie weiter! Auf den folgenden Seiten finden Sie alle Informationen, die Sie brauchen, um mit Ihrem Nachwuchs in Sachen Montessori loslegen zu können: Sie erfahren, wie Sie die Übungen vorbereiten sollten, welche Zielsetzungen mit den einzelnen Übungen verbunden sind und wie Sie sie Ihrem Kind am besten nahebringen können. Doch bevor Sie beginnen, machen Sie sich noch einmal bewusst, dass Ihre Haltung und Ihre Rolle als Erziehender in der Montessori-Philosophie von herausragender Bedeutung sind.

Wie fängt man mit einer Übung an?

Nun kommt es auf Sie an: Nur wenn Sie gut vorbereitet sind, können Sie Ihr Kind bei den Übungen optimal begleiten. Beherzigen Sie daher die folgenden Prinzipien Maria Montessoris.

1. Nehmen Sie sich Zeit für die Vorbereitung

Damit das Kind die Aufgabe gut versteht, erleichtern Sie sie ihm durch eine gewissenhafte Vorbereitung.

- Versuchen Sie, die Übung möglichst klar zu strukturieren, alle erforderlichen Utensilien bereitzulegen und die Aufgabe in kleine Schritte zu gliedern, die leicht nachzuvollziehen und zu verstehen sind.
- Nehmen Sie sich anschließend Zeit, jeden Schritt so oft wie nötig zu wiederholen, um zu erfahren und zu verstehen, welches Ziel damit verfolgt wird.
- Wenn Sie glauben, die Übung in all ihren Aspekten zu beherrschen, wiederholen Sie den gesamten Ablauf mehrere Male.

Auch wenn es etwas Zeit in Anspruch nimmt: Diese Vorgehensweise ist unbedingt zu empfehlen, denn genau in dieser letzten Phase der Vorbereitung stellen Sie möglicherweise fest, auf welche Schwierigkeiten Ihr Kind später stoßen könnte.

2. Sorgen Sie für eine ansprechende und angepasste Gestaltung

Wenn Sie eine Übung geplant und das Material dafür zusammengestellt haben, ordnen Sie alles auf einem Tablett an. Kontrollieren Sie auch, ob das angebotene Material geeignet, klein und leicht ist. Denken Sie daran, es einfach und geordnet zu präsentieren, von links nach rechts und von oben nach unten in der Reihenfolge der Verwendung. Auch wenn es Ihnen auf den ersten Blick nicht sehr intuitiv erscheinen sollte, Sie werden sehen: Ihr Kind wird diese Reihenfolge verinnerlichen und sie irgendwann ganz selbstverständlich finden.

3. Halten Sie sich an den festen Ablauf der Übungen

Letzter Punkt auf Ihrer Checkliste: Die angebotene Übung muss einen klar definierten Ablauf und vor allem einen Anfang und ein Ende haben. Es mag Ihnen belanglos vorkommen, doch Kinder mögen Aufgaben, die in sich abgeschlossen sind. Dass diese Aufgaben keinen unmittelbaren praktischen Nutzen haben, ist ihnen dabei nicht wichtig. Wenn Übungen nach einem festen Muster ablaufen, hilft das Ihrem Kind, weil es nicht nur indirekt auf künftige Aufgaben vorbereitet wird, sondern sich außerdem besser konzentrieren kann und mehr Durchhaltevermögen und Geduld entwickelt.

Wie soll die Übung dem Kind präsentiert werden?

Sobald eine Übung fertig vorbereitet ist, können Sie sie Ihrem Sprössling präsentieren. Auch hier hat Maria Montessori nichts dem Zufall überlassen. Sie hat klar abgegrenzte Phasen festgelegt, um diese Arbeitszeit so gut wie möglich zu nutzen und ein Maximum an Konzentration und Verständnis zu erreichen.

1. Ihr Kind darf sich nicht als Versager fühlen

Ein grundlegendes Gebot der Montessori-Pädagogik ist, dass das Kind nie an einer Aufgabe scheitern darf, sondern stets die Möglichkeit bekommen muss, sich selbst zu korrigieren. Daraus leitet sich die simple Regel ab, dass jede Übung **immer nur eine neue Schwierig-**

keit beinhalten soll. Ein Beispiel: Es hat keinen Sinn, das Kind aufzufordern, Wasser in zwei Krüge zu gießen, wenn es den Schwamm noch nicht ausdrücken kann, mit dem es anschließend die Tropfen vom Tisch aufwischen soll. Also denken Sie an den alten Spruch: Alles zu seiner Zeit!

Aus diesem Grund sollten Sie Ihr Kind auch nicht überfordern. Es ist viel besser (und sinnvoller), ihm nur eine einzige Übung anzubieten. Erst wenn es die vorherige Übung beendet hat und nur wenn es in der Lage ist, sich auf eine weitere zu konzentrieren, sollte es die nächste Aufgabe in Angriff nehmen. Wenn Ihr Sprössling zu müde ist, lassen Sie es gut sein!

Oberstes Gebot: Die Übungen sollten nacheinander und Schritt für Schritt präsentiert werden und sich nach Ihrem Kind und dessen Entwicklungsstand richten. Indem Sie beobachten, was es schon kann, wachsen Sie mit!

2. Langsamkeit und Wiederholung erlaubt!

Manche Anweisungen mögen Ihnen ganz einfach vorkommen, doch für Ihr Kind sind sie es deshalb noch lange nicht. Es kann passieren, dass es Sie bei etwas Neuem nachahmen will, obwohl es noch nicht so weit ist. Gewohnheit und Wiederholung helfen ihm dann schließlich, die Aufgabe zu bewältigen.

Gehen Sie daher langsam und methodisch vor und legen Sie nach jedem Schritt eine kleine Pause ein, wenn Sie Ihrem Sprössling eine neue Übung erklären. Zeigen Sie Ihrem Kind eine Übung immer auf die gleiche Weise und in der gleichen Reihenfolge, damit es sie sich gut einprägen kann. Wenn Sie mit der Erklärung fertig sind, beobachten Sie, was es tut, und helfen Sie ihm, wenn nötig.

Ihr Kind schafft es nicht? Bleiben Sie geduldig, machen Sie ihm die Übung noch einmal vor und, vor allem, drängen Sie es nicht! Ihre Funktion besteht darin, ihm die nötige Hilfe anzubieten und ihm die Möglichkeit zu geben, in seinem eigenen Tempo weiterzukommen. Auch wenn Ihr Kind Ihnen ungeschickt erscheint, sollten Sie ihm Gelegenheit zum Üben geben, indem Sie ihm die Übung von Zeit zu Zeit erneut anbieten.

3. Achten Sie auf Ihre Wortwahl und reden Sie nicht zu viel

Bei der Erläuterung einer Übung sind die Formulierungen sehr wichtig. Auch wenn es Ihnen vielleicht übertrieben vorkommt, nach Montessori muss jede Präsentation mit dem Satz beginnen: »Heute zeige ich dir eine Übung mit [z. B. Wäscheklammern]; schau, was meine Hände machen.«

Anschließend gilt: Schweigen ist Gold. Sie mögen auch das seltsam finden, aber es ist wichtig, weil Ihr Kind sich dann besser auf Ihre Gesten konzentrieren kann und nicht durch Ihre Worte abgelenkt wird.

Zum Abschluss jeder Präsentation sollten Sie Folgendes sagen: »Jetzt, wo ich dir die Übung gezeigt habe und du weißt, wo sie ist, kannst du sie machen, wann du willst und so oft du willst.« Auch wenn Sie (noch) nicht ganz überzeugt sind: Probieren Sie es aus!

Wie soll man das Kind bei der Übung begleiten?

Die Eltern bereiten die Übungen vor, erklären sie und begleiten das Kind bei der Durchführung.

1. Lenken Sie Ihr Kind nicht ab

Wenn Ihr Kind sich auf die Arbeit mit dem Material konzentriert, lenken Sie es nicht ab. Je kleiner es ist, desto anfälliger ist sein Konzentrationsvermögen, und nach einer Störung würde es möglicherweise nur schwer in die Übung zurückfinden. Sie wollen Ihren Sprössling gern anfeuern, beglückwünschen, ein Selfie machen und über Ihrem Schreibtisch aufhängen? Stellen Sie solche (sehr verständlichen) Bedürfnisse noch ein Weilchen zurück! Sonst könnte es mit der Konzentration Ihres Kindes vorbei sein, weil Sie seine Aufmerksamkeit auf sich selbst lenken.

2. Geben Sie ein gutes Beispiel

Jaja, Ihr Kind hat Augen wie ein Luchs! Es beobachtet alles und prägt sich ein, was Sie tun, um Sie zu imitieren. Das sollten Sie immer im Hinterkopf haben, vor allem beim Vorführen einer Übung, damit Ihr Sohn oder Ihre Tochter keine »schlechten Gewohnheiten« übernimmt! Ganz konkret: Sie können von Ihrem Kind nicht erwarten, dass es sein Glas mit beiden Händen trägt, wenn Sie selbst mit jeder Hand drei Gläser nehmen!

Die Übungen des praktischen Lebens

Sie wissen jetzt, worum es geht? Dann können Sie loslegen. Ganz zentral bei Montessori sind die Übungen des praktischen Lebens.

Was sind Übungen des praktischen Lebens und wozu sind sie gut?

In ihren Schriften tritt Maria Montessori dafür ein, das Kind bei den einfachen Verrichtungen des täglichen Lebens zum »Verbündeten« des Erwachsenen zu machen. Den Tisch decken, die Einkäufe einräumen, Wäsche sortieren und waschen, Schuhe putzen, Blumensträuße zusammenstellen, den Fußboden fegen, Servietten falten – all das sind Tätigkeiten, an denen Kinder – je nach Alter und Interesse – schon ab 15 Monaten beteiligt werden können. Sie halten das für unrealistisch? Keineswegs! Und das Kind profitiert sogar davon.

Die Übungen des praktischen Lebens haben eine ganze Reihe von Vorteilen. Zunächst einmal kommen sie dem kindlichen Bedürfnis entgegen, Erwachsene zu imitieren und Dinge zu wiederholen. Daher werden sie Ihrem Kind mit ziemlicher Sicherheit auch nie langweilig werden. Außerdem fördern sie die Selbstständigkeit, die Unabhängigkeit und damit das Selbstvertrauen des Kindes. Sie regen es auch dazu an, sich allein zu korrigieren bzw. seine Fehler selbst zu erkennen, was wiederum seine Intelligenz aufbaut, sein Konzentrationsver-

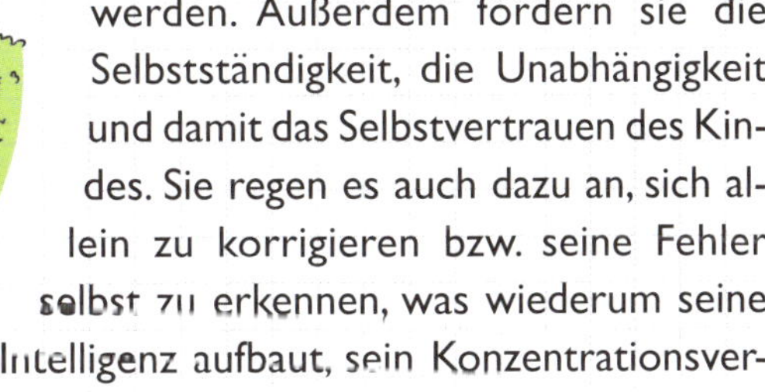

mögen verbessert und ihm ermöglicht, selbst einzuschätzen, was es schon alles kann.

Da die Übungen des praktischen Lebens mit der Zeit eine immer größere Fingerfertigkeit erfordern, unterstützen sie die Entwicklung der Auge-Hand-Koordination (s. S. 39) und der Feinmotorik. Durch die Einübung des Pinzettengriffs und die Ausführung der Übungen von links nach rechts wird Ihr Kind sogar aufs Lesen und Schreiben und auf eine korrekte Stifthaltung vorbereitet!

Vorschläge für Übungen des praktischen Lebens

Neugierig geworden? Auf den folgenden Seiten finden Sie einige Übungen, die für Kinder ab anderthalb, zwei und vier Jahren geeignet sind und sich auch zu Hause problemlos durchführen lassen.

Tischtennisbälle mit einem Sieb von einer Schüssel in die andere legen

Alter: 18 Monate

Ziel: Bälle von einem Gefäß ins andere transportieren, Feinmotorik und Konzentration schulen.

Material:

- ein Tablett
- 2 gleiche Schüsseln
- 8 Tischtennisbälle
- ein feinmaschiges Sieb

Vorbereitung: Stellen Sie die Schüssel mit den Tischtennisbällen links und die leere Schüssel rechts auf das Tablett.

Präsentation:

1. Platzieren Sie das Tablett in der Tischmitte und leiten Sie die Übung mit folgenden Worten ein: »Heute zeige ich dir, wie man Tischtennisbälle mit einem Sieb von einer Schüssel in die andere bringt. Schau, was meine Hände machen.«
2. Setzen Sie sich neben Ihr Kind, nehmen Sie das Sieb in die rechte Hand, und zwar mit dem

> Tipp: Wenn Ihr Kind besonders eifrig ist und die Übung nachmachen will, bevor Sie mit der Vorführung fertig sind, lassen Sie es ruhig. Es muss Ihre Präsentation nicht unbedingt abwarten, bevor es selbst loslegt.

berühmten Pinzettengriff. Transportieren Sie anschließend alle Bälle nacheinander von der einen Schüssel in die andere.

3. Wenn die erste Schüssel leer ist, beginnen Sie die Übung in der anderen Richtung von Neuem und fordern Sie dann Ihr Kind auf, es Ihnen nachzumachen.
4. Vergessen Sie nicht, die Übung mit dem Satz abzuschließen: »Jetzt, wo ich dir die Übung gezeigt habe und du weißt, wo die Sachen stehen, kannst du sie machen, wann du willst und so oft du willst.«

Fehlerkontrolle: Die Kontrolle kann visuell und akustisch erfolgen. Das Kind kann sehen, dass der Tischtennisball nicht in der Schüssel ist, oder hören, wie er herunterfällt.

Dinge mit einer Zange aufnehmen

Alter: 2 Jahre

Ziel: Walnüsse mit einer Zange in eine Muffinform legen, um Feinmotorik und Konzentration zu schulen.

Material:

- ein Tablett
- eine Zange (z. B. Nudel- oder Zuckerzange)
- ein Körbchen
- 6 Walnüsse o. Ä.
- eine Muffinform mit 6 Mulden

Vorbereitung: Stellen Sie den Korb mit den Nüssen links und die Muffinform rechts auf das Tablett und legen Sie die Zange mit dem Griff nach rechts darunter.

Präsentation:

1. Stellen Sie das Tablett auf den Tisch und sagen Sie einleitend zu Ihrem Kind: »Heute zeige ich dir, wie man Walnüsse mit einer Zange in eine Muffinform legt. Schau, was meine Hände machen.«
2. Zeigen Sie Ihrem Kind den Pinzettengriff und nehmen Sie dann behutsam die Zange auf.
3. Ergreifen Sie mit der Zange eine Nuss und legen Sie sie in die Muffinform, und zwar in die obere linke Mulde.

4. Nehmen Sie die zweite Nuss mit der Zange und legen Sie sie ebenfalls in die Form, dieses Mal in die Mulde oben rechts. Fordern Sie Ihr Kind auf, weiterzumachen.
5. Wenn alle Mulden voll sind, legen Sie zwei der Nüsse wieder in das Körbchen zurück, beginnend mit der Nuss, die Sie als erstes in die Form gelegt haben. Fordern Sie Ihr Kind auf, die restlichen Nüsse zurückzulegen.
6. Nachdem Sie Ihr Kind gebeten haben, das Tablett wieder ins Regal zu stellen, sagen Sie zu ihm: »Jetzt, wo ich dir die Übung gezeigt habe und du weißt, wo die Sachen stehen, kannst du sie machen, wann du willst und so oft du willst.«

Fehlerkontrolle: Die Kontrolle kann visuell und akustisch erfolgen. Das Kind kann selbst feststellen, dass eine Nuss nicht in der Muffinform liegt, oder hören, wenn sie herunterfällt.

Mit einer Pipette Wasser in eine Seifenschale tröpfeln

Alter: 4 Jahre

Ziel: Präzisierung der Feinmotorik durch Einfüllen von Wasser in eine sehr kleine Vertiefung.

Material:

- ein Tablett
- eine Pipette
- ein kleiner Behälter mit gefärbtem Wasser
- eine Seifenschale mit Mulden
- ein kleiner Schwamm
- ein Lappen

Vorbereitung: Platzieren Sie die Seifenschale rechts und die Pipette links auf dem Tablett. Der kleine Behälter kommt neben die Seifenschale und der kleine Schwamm darüber.

Präsentation:

1. Stellen Sie das Tablett auf den Tisch und leiten Sie die Übung mit folgenden Worten ein: »Heute zeige ich dir, wie man mit einer Pipette Wasser in eine Seifenschale tröpfelt. Schau, was meine Hände machen.«

2. Nehmen Sie die Pipette mit dem Pinzettengriff, tauchen Sie sie in den kleinen Behälter und saugen Sie etwas Wasser in das Röhrchen hinein.
3. Halten Sie die Pipette über die Seifenschale und füllen Sie in jede Mulde je einen Wassertropfen, wobei Sie sich von links oben nach rechts unten durcharbeiten.
4. Machen Sie alles noch einmal vor und fordern Sie dann Ihr Kind auf, es Ihnen nachzumachen.
5. Wenn alle Mulden gefüllt sind, nehmen Sie die Flüssigkeit mithilfe des Schwämmchens auf und wischen Sie dann mit dem Lappen nach.
6. Denken Sie daran, Ihr Kind nach Abschluss der Übung das Tablett wieder ins Regal zurückstellen zu lassen, und sagen Sie: »Jetzt, wo ich dir die Übung gezeigt habe und du weißt, wo die Sachen stehen, kannst du sie machen, wann du willst und so oft du willst.«

Fehlerkontrolle: Die Kontrolle erfolgt visuell. Ihr Kind sieht, wenn ein Tropfen neben der Seifenschale landet.

Sinnesübungen

Eine der wichtigsten Säulen der Montessori-Pädagogik ist die Entwicklung der Sinne. Maria Montessori war überzeugt, dass sie jeder anderen Entwicklung (Motorik, Sprache usw.) zugrunde liegt. Indem ein Kind mehr und mehr Erfahrungen mit seinen fünf Sinnen macht und mit der Zeit minimale Unterschiede immer differenzierter körperlich wahrnehmen kann, verfeinert es seine Sensibilität und das Verständnis von seiner Umgebung und der Welt. Daher ist es sinnvoll, so früh wie möglich mit Aktivitäten zur Sinnesschulung zu beginnen.

Was sind Sinnesübungen und wozu sind sie gut?

Genau wie die Hand, die den Kontakt zu den materiellen Dingen ermöglicht, sind die Sinne für Montessori »Greiforgane« für die Bilder der Außenwelt.

Entschlüsselung: In den ersten Lebensjahren (einschließlich der Zeit im Mutterleib) entdeckt das Kind seine Umwelt über seine Sinne. So sendet jede Wahrnehmung (Geräusche, Gerüche, Berührung, Geschmack) »Sinnesbilder« ans Gehirn. Dort werden Unmengen an Informationen sortiert, gespeichert und mit bereits abgespeicherten verglichen, und es entstehen Verknüpfungen zwischen den Nervenzellen. Je mehr Informationen von den Sinnen gesendet werden, desto dichter, differenzierter und effizienter wird die Vernetzung im Gehirn. Durch Hören, Sehen, Tasten, Schmecken und Riechen erfasst ein Kind also nicht nur alle möglichen Informationen in seiner Umgebung, sondern es entwickelt auch seine Intelligenz.

Um dies zu schaffen, ist ein Kind darauf angewiesen, in jedem Alter die Gelegenheit zu umfangreichen Sinneserfahrungen zu bekommen. Ein Beispiel: Um zu wissen, dass Wasser nass macht, muss man es am eigenen Leib erfahren haben. Wenn diese Empfindung abgespeichert ist, muss man nicht unbedingt noch einmal nass werden, um zu wissen, was passiert, wenn man Wasser verschüttet. So lernt man über konkrete Handlungen dank der Sinne, bestimmte Dinge zu wiederholen oder zu lassen.

Die Sinneserziehung ermöglicht dem Kind,

- Selbstwertgefühl und Selbstvertrauen zu gewinnen;
- eigenständig seine Umgebung zu entdecken;
- einen differenzierten Wortschatz zu entwickeln;
- seine Wahrnehmungen zu verfeinern;
- konkrete Sinneseindrücke einzuordnen;
- beim Lernen seine Konzentration auszuprobieren.

Worauf Sie grundsätzlich achten sollten

Über seine fünf Sinne lernt das Kind, Personen und Kontraste zu erkennen (zum Beispiel den Kontrast rau/glatt) oder Abstufungen zu differenzieren (hellblau/dunkelblau). Daher ist es wichtig, dass solche Sinneserfahrungen mit bestimmten Übungen angeregt werden (natürlich unter Beachtung bestimmter Regeln).

1. Die Sinne einzeln ansprechen

Damit die Übung gelingt und Ihr Kind aufmerksam bleibt, sollte immer nur ein bestimmter Sinn isoliert angesprochen werden. Eine klassische Montessori-Übung besteht z. B. darin, Fläschchen mit demselben Geruch (Parfüm, Sirup usw.) paarweise zu ordnen. Um zu erreichen, dass das Kind denselben Geruch in verschiedenen Fläschchen erkennt, ist es ratsam, ihm die Augen zu verbinden. Dann wird es sich ausschließlich auf seinen Geruchssinn konzentrieren.

2. Montessori-Material verwenden

Maria Montessori hat ihr Material mit größter Sorgfalt entworfen. Anhand ihrer Beobachtungen konnte sie ermitteln, welche Materialien und Gegenstände am besten zu den jeweiligen Entwicklungsstadien des Kindes passen. Sie analysierte die Reaktionen ihrer kleinen Schützlinge, um herauszufinden, bei welchen Größen, Farben und Formen Aufmerksamkeit und Konzentration am besten waren. Es ist also kein Zufall, dass nach dem Montessori-Konzept empfohlen wird, nach und nach unterschiedliche Mobiles über dem Babybettchen aufzuhängen (s. S. 69–71). Jedes Modell hat bestimmte Eigenschaften, die genau auf das jeweilige Entwicklungsstadium des Säuglings abgestimmt sind.

Was Sinnesübungen angeht, kann man bei Maria Montessori aus dem Vollen schöpfen! Ihr Material ist ideal an die kindliche Entwicklung angepasst:

- Es ermöglicht differenzierte und umfassende Sinneswahrnehmungen in allen Bereichen (Sehen, Hören, Fühlen, Schmecken, Riechen);
- es ist ansprechend gestaltet und angenehm zu handhaben;
- es stellt immer eine bestimmte Eigenschaft heraus (Größe, Farbe, Form ...);
- es ermöglicht die Fehlerkontrolle und regt das Kind so zum Nachdenken an;
- es ermöglicht dem Kind, bewusst Details wahrzunehmen, am Anfang durch starke Kontraste (etwa Rot und Blau), später dann durch Abstufungen (unterschiedliche Schattierungen einer Farbe).

Vorschläge für Sinnesübungen

Um die Sinne Ihres Kindes schon ab etwa anderthalb Jahren anzuregen, lassen Sie sich von den folgenden Montessori-Aktivitäten inspirieren.

Farben sortieren

Alter: 18 Monate

Ziele: Schulung der visuellen Wahrnehmung; dem Kind begreiflich machen, was Paare bilden bedeutet (nach dem Merkmal der Farbe).

Material:

- 6 Kärtchen: 2 rote, 2 blaue und 2 gelbe
- eine Schachtel
- eine Matte

Vorbereitung: Legen Sie auf der linken Seite der Matte ein rotes, ein blaues und ein gelbes Kärtchen senkrecht untereinander. Legen Sie die übrigen Kärtchen nach dem Zufallsprinzip am unteren Rand der Matte aus.

Präsentation:

1. Fordern Sie Ihr Kind zum Mitmachen auf und leiten Sie die Übung kurz ein, z. B.: »Heute zeige ich dir, wie man nach Farben sortiert. Schau, was meine Hände machen.«
2. Nehmen Sie die Kärtchen vom unteren Mattenrand und legen Sie sie eins nach dem anderen je nach Farbe rechts neben die oben liegenden Karten. Halten Sie dabei die Reihenfolge ein, in der Sie die oberen Kärtchen ausgelegt haben: zuerst die rote, dann die blaue und zum Schluss die gelbe.
3. Mischen Sie die Kärtchen und fordern Sie dann Ihr Kind auf, es selbst zu versuchen. Wenn es zögert, fangen Sie wieder von vorn an und nennen Sie beim Ablegen der Kärtchen jeweils deren Farben.
4. Bitten Sie Ihr Kind nach Abschluss der Übung, das Material wegzuräumen, und beenden Sie das Ganze mit dem üblichen Satz: »Jetzt, wo ich dir die Übung gezeigt habe und du weißt, wie sie geht und wo die Sachen stehen, kannst du sie machen, wann du willst und so oft du willst.«

Für Fortgeschrittene: Es gibt vieles, was sich sortieren lässt. Zum Beispiel können Sie Ihr Kind bitten, die Wäsche zu sortieren (schmutzige Handtücher kommen in den einen Korb, saubere Kleidungsstücke in einen anderen). Eine gute Sache, wenn Sie viel zu tun haben. Ihr Kind kann Ihnen dann unter die Arme greifen!

Fehlerkontrolle: Die Kontrolle erfolgt visuell. Ihr Kind erkennt sofort, wenn zwei verschiedenfarbige Kärtchen nebeneinander liegen.

Stoffe

Alter: 3 Jahre

Ziel: Entwicklung des Tastsinns.

Material:

- eine Schachtel
- 5 Paar Stoffquadrate (zu Beginn), 14 x 14 cm groß, aus verschiedenen Materialien (Tüll, Seide, Cord, Baumwolle, Wolle …)
- eine Augenbinde

Vorbereitung: Legen Sie die Stoffquadrate innerhalb der Schachtel auf zwei Haufen (ein Exemplar von jeder Stoffart je Haufen), die Stücke mit der auffälligsten Beschaffenheit obenauf (z. B. Cord und Seide).

Präsentation:

1. Stellen Sie die Schachtel auf den Tisch oder die Matte und leiten Sie die Übung mit dem Satz ein: »Heute zeige ich dir verschiedene Stoffe. Schau, was meine Hände machen.«
2. Holen Sie die Stoffstücke aus der Schachtel. Nehmen Sie das erste Stück (z. B. das mit der rauesten Oberfläche), fassen Sie es mit der ganzen Hand an, geben Sie es dann Ihrem Kind in die Hand, und legen Sie es anschließend auf den Tisch. Nehmen Sie dann das zweite Stück Stoff (das weichste) und machen Sie das Ganze noch einmal. Ziel der Übung ist es, das Kind für die unterschiedliche Beschaffenheit der Gewebe zu sensibilisieren.

3. Jetzt soll Ihr Kind die Augenbinde anlegen (oder die Augen schließen). Geben Sie ihm erneut ein Stück Stoff und fordern Sie es auf, das dazu passende Gegenstück zu suchen. Wenn ihm das schwerfällt, lassen Sie es den ersten Stoff nochmals mit beiden Händen berühren, damit es sich erinnert.
4. Legen Sie die Stoffpaare, die Ihr Kind gefunden hat, jeweils flach aufeinander.
5. Fordern Sie das Kind nun auf, sich das Ergebnis anzuschauen, und schließen Sie die Übung dann mit den Worten ab: »Jetzt, wo ich dir die Übung gezeigt habe und du weißt, wie sie geht und wo die Sachen stehen, kannst du sie machen, wann du willst und so oft du willst.«

Fehlerkontrolle: Die Kontrolle erfolgt visuell und taktil. Wenn zwei ungleiche Stoffstücke zusammengelegt wurden, kann Ihr Kind dies sehen und sie noch einmal berühren, um sich zu korrigieren.

Geschmacksfläschchen

Alter: 4 Jahre

Ziel: Verfeinerung des Geschmackssinns.

Material:

- ein Kasten mit Fächern
- 8 Pipettenfläschchen (je 4 mit einer Verschlusskappe in der gleichen Farbe)
- 4 Wasserlösungen mit unterschiedlichen Geschmacksrichtungen (süß, salzig, bitter, sauer)
- 8 Klebeetiketten in 4 verschiedenen Farben (z. B. 2 rote, 2 blaue, 2 gelbe und 2 grüne)
- ein Papiertaschentuch

Vorbereitung: Stellen Sie vier Flüssigkeiten mit unterschiedlichen Geschmacksrichtungen her. Diese müssen dieselbe Farbe haben, damit Ihr Kind sie nach dem Geschmack und nicht nach dem Aussehen sortiert.

- Geben Sie für die sauer schmeckende Lösung beispielsweise etwas Essig ins Wasser.
- Um eine bittere Lösung herzustellen, können Sie die weiße Haut einer unbehandelten Pampelmuse herauslösen, in heißem Wasser ziehen lassen und dieses anschließend filtern.
- Für die süße und die salzige Lösung geben Sie einfach etwas Zucker bzw. Salz in das Wasser.

Füllen Sie nun jede der Flüssigkeiten in jeweils zwei Fläschchen mit Verschlusskappen in unterschiedlichen Farben und kennzeichnen Sie die Paare am Boden mit gleichfarbigen Klebeetiketten.

Präsentation:

1. Stellen Sie das Tablett auf den Tisch und leiten Sie die Übung mit dem Satz ein: »Heute zeige ich dir die Geschmacksfläschchen. Schau, was meine Hände machen.«
2. Tropfen Sie mit der Pipette etwas Flüssigkeit aus einem Fläschchen auf Ihren Handrücken und kosten Sie. Nehmen Sie dann ein anderes Fläschchen aus dem Kasten, machen Sie das Ganze noch einmal und sagen Sie zu Ihrem Kind: »Das schmeckt genauso« bzw. »Das schmeckt anders«.
3. Bei gleichem Geschmack stellen Sie das Fläschchen rechts neben das erste Fläschchen mit diesem Geschmack. Schmeckt die Flüssigkeit anders, stellen Sie das Fläschchen zurück.
4. Fordern Sie Ihr Kind auf, mit einer anderen Flasche weiterzumachen.
5. Wenn es alle Geschmacksrichtungen auf diese Weise sortiert hat, lassen Sie es die Fläschchen umdrehen, um nachzusehen, ob alle Paare richtig zugeordnet wurden.
6. Bitten Sie Ihr Kind nach Abschluss der Übung, die Sachen wieder aufzuräumen, und sagen Sie zum Abschluss: »Jetzt, wo ich dir die Übung gezeigt habe und du weißt, wie sie geht und wo die Sachen stehen, kannst du sie machen, wann du willst und so oft du willst.«

Fehlerkontrolle: Die Kontrolle erfolgt visuell. Wenn das Kind die Fläschchen umdreht und die verschiedenfarbigen Klebeetiketten sieht, kann es feststellen, ob es die Paare richtig zusammengestellt hat.

Vogelstimmen

Alter: 4 Jahre

Ziel: Erweiterung des Wortschatzes, Gehörbildung, Entdeckung der Schönheit der Natur.

Material:

- 3 verschiedene Vogelpfeifen
- Bilderkärtchen mit den Vögeln, zu denen die Stimmen der Vogelpfeifen gehören
- Klebeetiketten in 3 Farben

Vorbereitung: Kleben Sie auf die Rückseite jedes Vogelbildes ein Etikett und kennzeichnen Sie die dazugehörige Vogelpfeife mit einem Etikett in derselben Farbe. Stellen Sie ein Tablett für das Material bereit.

Präsentation:

1. Beginnen Sie mit der Übung, indem Sie zu Ihrem Kind sagen: »Heute zeige ich dir die Vogelstimmen. Schau, was meine Hände machen.«
2. Legen Sie nacheinander die Vogelkärtchen auf das Tablett und sagen Sie dabei laut die Namen der Vögel.
3. Pfeifen Sie auf einer der Vogelpfeifen und legen Sie diese dann unter das Bild des Vogels, zu dem die Stimme gehört. Führen Sie dies für alle Karten durch.
4. Kontrollieren Sie anhand der Klebeetiketten, ob die Paare richtig zusammengestellt wurden.
5. Fordern Sie Ihr Kind auf, die Übung alleine zu wiederholen.
6. Bitten Sie Ihr Kind nach dem Ende der Übung, das Material auf seinen Platz zurückzustellen, und sagen Sie zum Abschluss: »Jetzt, wo ich dir die Übung gezeigt habe und du weißt, wie sie geht und wo die Sachen stehen, kannst du sie machen, wann du willst und so oft du willst.«

Fehlerkontrolle: Die Kontrolle erfolgt visuell. Wenn das Kind die Karten umdreht, kann es anhand der farbigen Klebeetiketten feststellen, ob es die Stimmen den richtigen Bildern zugeordnet hat. Alternativ können Sie auch ein Foto der korrekten Paare machen und laminieren, sodass Ihr Kind sich mithilfe dieser Vorlage selbst korrigieren kann.

Geheimnisvoller Beutel

Alter: 3 Jahre

Ziel: Verfeinerung des Tastsinns und Förderung der Fähigkeit zur Beschreibung von Gegenständen.

Material:

- ein Stoffbeutel
- ca. 10 kleine Gegenstände Ihrer Wahl

Vorbereitung: Stecken Sie die kleinen Gegenstände in den Beutel.

Präsentation:

1. Fordern Sie Ihr Kind auf, seine Matte auszulegen und mit der Übung zu beginnen, indem Sie sagen: »Heute werden wir Sachen raten.«
2. Greifen Sie einen Gegenstand im Beutel, ohne ihn herauszuholen oder anzuschauen, und beschreiben Sie laut und deutlich seine Eigenschaften, z. B.: »Es ist rund, klein und hart, hat zwei Löcher« usw.
3. Wenn Ihr Kind den Gegenstand in Ihrer Hand erraten hat (in diesem Fall einen Knopf), holen Sie ihn heraus und legen Sie ihn auf den Tisch.
4. Nun ist das Kind an der Reihe, etwas im Beutel zu greifen und »blind« zu beschreiben. Wenn Sie richtig geraten haben, soll es den Gegenstand hervorholen und auf den Tisch legen.
5. Ist die Übung beendet, bitten Sie Ihr Kind, das Material aufzuräumen, und sagen Sie: »Jetzt, wo ich dir die Übung gezeigt habe und du weißt, wie sie geht und wo die Sachen stehen, kannst du sie machen, wann du willst und so oft du willst.«

Fehlerkontrolle: Die Kontrolle erfolgt visuell. Wenn der beschriebene und gezeigte Gegenstand nicht richtig geraten wurde, kann das Kind dies sofort feststellen.

Mathematik

Mathe – oje … Für viele von uns ist die Erinnerung an dieses Schulfach mit mulmigen Gefühlen verbunden. Dabei gehört die Mathematik zum täglichen Leben aller Kinder; sie hilft ihnen, ihr Denkvermögen und später auch ihr Abstraktionsvermögen aufzubauen. Auch bei Montessori spielt sie daher eine sehr wichtige Rolle. Große und kleine Kinder müssen sie erlernen – mit gut durchdachten Übungen und Anleitungen. Geben Sie der Mathematik also eine zweite Chance!

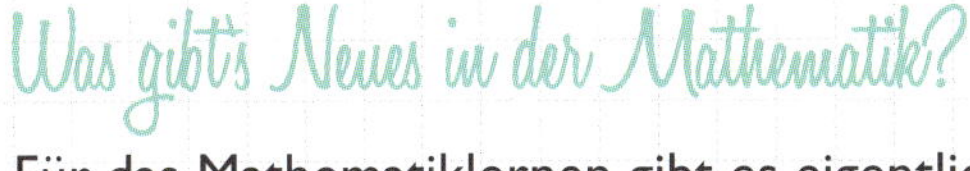

Für das Mathematiklernen gibt es eigentlich kein Mindestalter. Aber eine Methode!

Eine konkrete Sache!

Maria Montessori fand, dass Kinder mit neuen Konzepten an die Mathematik herangeführt werden müssten. Kinder zwischen zwei und sechs Jahren stecken mitten in der Phase der Sinnesentwicklung. In diesem Alter lernen sie eher handelnd als durch abstraktes Nachdenken, zu dem sehr junge Kinder noch gar nicht in der Lage sind (s. S. 95). Daher entwickelte die Pädagogin ein besonderes Material, mit dem die mathematischen Grundbegriffe sehr anschaulich und in zwei Schritten für das Kind erfahrbar gemacht werden können.

- **Ab zwei Jahren** sind Kinder fasziniert von Zahlen und Mengen. Mit dem Montessori-Material können sie ein hohes Kompetenzniveau erreichen, weil sie über Sinneserfahrungen schon ab dem Kindergartenalter lernen, zu zählen, Zahlen bis 9999 zu bilden und die vier Grundrechenarten (Addition, Subtraktion, Multiplikation und Division) anzuwenden.
- **Bis zum Alter von sechs Jahren** werden die konkreten Grundlagen der Mathematik vermittelt, damit das Kind im Anschluss allmählich zum abstrakten Denken übergehen kann.

Das Material

Wenn Sie die vorherigen Kapitel aufmerksam gelesen haben, ist Ihnen klar geworden: Beim Montessori-Material bleibt nichts dem Zufall überlassen! Auch die Mathematik bildet da natürlich keine Ausnahme. Für das Sinnesmaterial gilt:

- Es ist streng hierarchisch aufgebaut und führt stets nur eine neue Schwierigkeit ein, damit das Kind einen Schritt nach dem anderen lernt;
- es ist grundsätzlich in Zehnereinheiten gegliedert, um das Kind auf das Dezimalsystem vorzubereiten;
- es ist darauf ausgelegt, mathematische Konzepte in den Übungen handelnd zu begreifen;
- es ist stets mit einer »eingebauten« Fehlerkontrolle versehen und ermöglicht dem Kind, seine Problemlösungskompetenzen zu entwickeln.

Natürlich lässt sich das Material an den Entwicklungsstand und die Besonderheiten jedes Kindes anpassen. Hier einige Beispiele für typische Montessori-Materialien:

- **Ab 2–3 Jahren:** Der **rosa Turm** vermittelt dem Kind nicht nur eine Vorstellung vom Begriff der Größe, sondern schult auch seine visuelle Wahrnehmung und seine Auge-Hand-Koordination. Der Turm besteht aus zehn Würfeln von 1 bis 10 cm^3.
- **3–4 Jahre:** Die **großen roten Stangen** haben Abmessungen zwischen 10 cm und 1 m. Beim Ordnen von Groß nach Klein wird der Begriff der Länge sinnlich erfahrbar. Darüber hinaus trainieren die Stangen die visuelle Wahrnehmung und die Auge-Hand-Koordination und bereiten das Kind auf das Dezimalsystem und die ersten Plus- und Minusaufgaben vor.
- **Im gleichen Alter** sind die **Sandpapierziffern** – zehn grüne Holzkärtchen mit den Ziffern 0 bis 9 aus Sandpapier – eine wertvolle Hilfe, um Kindern die Zahlensymbole nahezubringen. Das Kind erlernt eine Ziffer, indem es sie berührt, damit seine Hand, die eine Verbindung zum Gehirn hat, sie »abspeichert«.
- **Mit etwa sechs Jahren** dann bilden der kleine und später der große **Rechenrahmen** die letzte Etappe auf dem Weg zum Kopfrechnen und abstrakten Denken. Dieses Material erleichtert dem Kind das Verstehen der Stellenwertübergänge (Einer, Zehner, Hunderter usw. wie auf dem Rahmen angegeben) und der relativen Zahlenwerte. Jede Perle erhält somit je nach ihrer Position auf dem Rechenrahmen einen Wert. Wenn das Kind beispielsweise die Zahl 1627 zerlegen möchte, verschiebt es sieben Einerperlen, zwei Zehnerperlen, sechs Hunderterperlen und eine Tausenderperle.

Worauf Sie grundsätzlich achten sollten

Genau wie die Übungen des praktischen Lebens oder die Sinnesübungen müssen auch bei den mathematischen Montessori-Übungen bestimmte goldene Regeln eingehalten werden, um das Kind beim Lernen zu unterstützen.

1. Von konkreten zu abstrakten Aufgaben

Achten Sie bei mathematischen Übungen darauf, Ihrem Kind als erstes eine konkrete Vorstellung von dem Konzept zu geben, das erlernt werden soll.
Ein Beispiel gefällig? Um Ihren Sprössling in den Zahlenraum von 1 bis 10 einzuführen, zeigen Sie ihm zunächst die großen numerischen Stangen – zehn rot-blau lackierte Stangen, die nach den oben beschriebenen roten Stangen zum Einsatz kommen. Anhand dieser Stangen begreift das Kind, dass 1 die kleinste Zahl ist,

weil sie der kürzesten Stange (10 cm) entspricht, und 10 die größte, weil sie der längsten Stange (1 m) entspricht. Wenn Sie den Eindruck haben, dass Ihr Kind damit noch Schwierigkeiten hat – nur Geduld! Ganz allmählich wird es Fortschritte machen: Zuerst ordnet es die Stangen auf einer Matte von Groß nach Klein, dann entdeckt es die Stange, die der Eins entspricht, danach die Zweierstange, die Dreierstange usw.

Wenn das konkrete Erkennen von Zahlenwerten klappt, können Sie mit dem abstrakten Teil weitermachen, also dem Kind anhand der Sandpapierziffern (s. S. 95) die schriftlichen Zahlensymbole beibringen. Wenn es schließlich das Konkrete und das Abstrakte beherrscht, können Sie beides zusammenführen und das Kind Zahlenkärtchen unter die entsprechenden Stangen legen lassen. Diese Vorgehensweise gilt für alle mathematischen Konzepte!

2. Die Mathematik mit Leben füllen

Um Ihrem Kind begreiflich zu machen, warum Mathematik etwas Sinnvolles ist, sollten Sie sie am besten mit Alltagssituationen verknüpfen. Zählen Sie zum Beispiel gemeinsam das Geld, wenn Sie einkaufen gehen (eine gute Additionsübung!), oder ziehen Sie beim Kuchenbacken die Zahl der aufgeschlagenen Eier vom ursprünglichen Packungsinhalt ab. Mit solchen kleinen Aufgaben wird Mathematik konkret – auf spielerische Weise.

3. Die Übungen anschaulich gestalten

In den ersten Lebensjahren ist ein Kind zu abstraktem Denken noch nicht in der Lage. Wenn Sie ihm ein mathematisches Konzept vermitteln möchten, ist es daher wichtig, dieses sinnlich erfahrbar zu machen, weil das Kind es sich so am besten aneignen kann. Leichter gesagt als getan? Sie werden sehen: Es genügt schon, die Übung ein klein wenig zu inszenieren, um sie konkret werden zu lassen.

Bevor Sie sich zum Beispiel mit Ihrem Nachwuchs an Geteiltaufgaben machen, stellen Sie einen mit Wasser gefüllten Krug und drei kleine Gläser mit einer Strichmarkierung auf gleicher Höhe auf ein Tablett. Das Kind soll nun alle Gläser gleich voll machen. Es gießt also aus dem Krug genau bis zur Markierung Wasser in die Gläser. Nun können Sie ihm sagen, dass es gerade eine Division vollbracht hat!

Eine Auswahl mathematischer Übungen

Ganz gleich, wie alt Ihr Kind ist, die Montessori-Methode hält konkrete Mathematik-Übungen bereit, die zu seinem Entwicklungsstand und zu seinem Alltag passen. Und die ganze Familie kann mitmachen!

Zahlenmemory

Alter: 2½ Jahre

Ziel: Zählen lernen, Gedächtnisschulung.

Material:

- eine hübsche Dose
- viele kleine gleichartige Dinge (Knöpfe oder Muscheln, Kiesel, kleine Tierfiguren usw.)

Vorbereitung: Befüllen Sie die Dose mit den gleichartigen Gegenständen.

Präsentation:

1. Fordern Sie Ihr Kind auf, die Übung mit Ihnen zu machen, seine Matte auszurollen und das Material daraufzustellen. Leiten Sie dann die Übung mit einfachen Worten ein: »Heute wollen wir Muscheln zählen. Schau, was meine Hände machen.«
2. Öffnen Sie die Dose und fordern Sie Ihr Kind auf, Ihnen eine bestimmte Anzahl der darin enthaltenen Dinge herauszuholen, zum Beispiel: »Gib mir zwei Muscheln.«
3. Beobachten Sie, wie Ihr Kind eine Muschel nach der anderen herausnimmt und sie auf die Matte legt und dabei zählt. Sagen Sie Ihrem Kind, dass es seine Sache gut gemacht hat. Formulieren Sie auch das möglichst einfach: »Schön, zwei Muscheln hast du mir gegeben.«

4. Nun sind Sie an der Reihe. Holen Sie eine bestimmte Anzahl Muscheln aus der Dose und fordern Sie Ihr Kind auf, sie zu zählen.
5. Wenn die Übung beendet ist, lassen Sie Ihr Kind das Material ins Regal zurückstellen und sagen Sie abschließend: »Jetzt, wo ich dir die Übung gezeigt habe und du weißt, wo die Sachen stehen, kannst du sie machen, wann du willst und so oft du willst.«

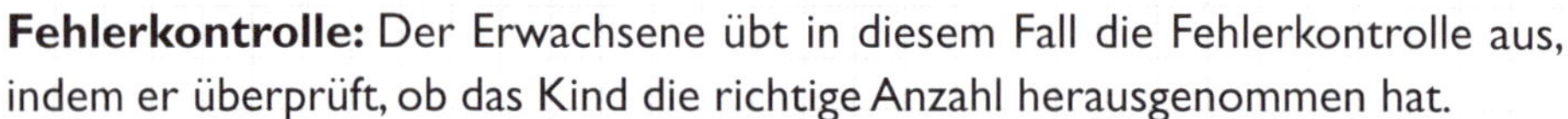

Fehlerkontrolle: Der Erwachsene übt in diesem Fall die Fehlerkontrolle aus, indem er überprüft, ob das Kind die richtige Anzahl herausgenommen hat.

Zählspiele

Alter: 1½ Jahre

Ziel: Sich die Reihenfolge der Zahlen einprägen.

Material: keines

Übung:
Wenn Ihr Kind gerade mit Leidenschaft zählt, liegt das daran, dass es sich in der sensiblen Periode für das Zählen befindet. Um es im Alltag dabei zu unterstützen, nehmen Sie jede Gelegenheit zum Zählen wahr, und sei es nur bis drei. Zählen Sie beispielsweise die Stufen beim Treppensteigen, die Gabeln beim Tischdecken usw.

Addieren

Alter: 3 Jahre

Ziel: Zahlen zusammenzählen, Summen berechnen.

Material:
- eine hübsche Dose
- einige gleichartige Dinge
- ein Blatt Papier
- ein Stift

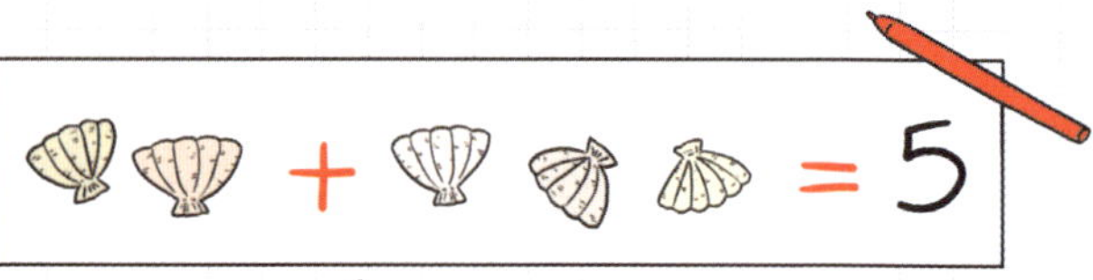

Vorbereitung: Füllen Sie die Dose mit mehreren gleichartigen Gegenständen (Knöpfe oder Muscheln, Kiesel, Kaffeebohnen usw.). Notieren Sie auf dem Blatt Papier im Querformat kleine Additionsaufgaben wie z. B. »2 + 3 = …« usw. Schreiben Sie die Zeichen »+« und »=« in Rot, da das Kind sie nicht kennt.

Präsentation:

1. Fordern Sie Ihr Kind auf, mit Ihnen die Übung zu machen, seine Matte auszurollen und das Material daraufzustellen. Leiten Sie die Übung mit einfachen Worten ein: »Heute zeige ich dir eine Addition. Schau, was meine Hände machen.«
2. Zeigen Sie auf die Aufgabe auf dem Blatt Papier und machen Sie dann Schritt für Schritt weiter.
   - ➔ Zeigen Sie zuerst auf die erste Zahl auf dem Papier und fragen Sie das Kind: »Was für eine Zahl ist das?« Wenn es geantwortet hat, fahren Sie einfach mit der Übung fort und sagen Sie: »Richtig, das ist eine Zwei. Also nehmen wir zwei Muscheln.«
   - ➔ Zeigen Sie ihm die zweite Zahl (z. B. eine Drei) und gehen Sie ebenso vor.
   - ➔ Erklären Sie ihm nun das Pluszeichen mit folgenden Worten: »Das hier ist das Zeichen für Addition – ein Plus.« Erläutern Sie dann: »Eine Addition bedeutet, dass man etwas zusammennimmt und ausrechnet, welche Zahl alles zusammen ergibt.«
3. Legen Sie nun die zwei bzw. drei ausgewählten Gegenstände gut sichtbar für Ihr Kind auf den Tisch und sagen Sie dabei laut und deutlich: »Wir legen jetzt die zwei Muscheln und die drei Muscheln nebeneinander und zählen dann, wie viele es zusammen sind.«
4. Wenn Sie gezählt haben, erklären Sie, was Sie tun: »Wir haben 5 gezählt. Darum können wir jetzt die Zahl Fünf neben das Ist-Gleich-Zeichen schreiben. Also: 2 plus 3 ist gleich 5. Oder: 2 und 3 ist 5.« Vergessen Sie an dieser Stelle nicht, Ihr Kind besonders auf das Gleichheitszeichen hinzuweisen, damit es sich damit vertraut macht.
5. Beenden Sie Ihre Vorführung, indem Sie Ihrem Kind vorschlagen, es selbst zu versuchen: »Jetzt, wo ich dir die Addition gezeigt habe, möchtest du noch eine machen?«

Fehlerkontrolle: Es gibt zwei Möglichkeiten. Entweder Sie kontrollieren selbst oder Sie schreiben das Ergebnis auf die Rückseite des Blattes mit der Rechenaufgabe, sodass Ihr Kind die Korrektur allein vornehmen kann.

Subtrahieren

Alter: 4 Jahre

Ziel: Subtrahieren und Differenzen berechnen.

Material:

- eine hübsche Dose
- gleichartige Dinge (Knöpfe oder Muscheln, Kichererbsen, Kaffeebohnen usw.)
- ein Blatt Papier
- ein Stift

Vorbereitung: Füllen Sie die Dose mit mehreren gleichartigen Gegenständen. Notieren Sie auf dem Blatt Papier im Querformat kleine Minusaufgaben wie z. B. »4 – 1 = …« usw. Schreiben Sie die Zeichen »–« und »=« in Rot, wenn das Kind sie noch nicht kennt.

Präsentation:

1. Fordern Sie Ihr Kind auf, mit Ihnen die Übung zu machen, seine Matte auszurollen und das Material daraufzustellen. Leiten Sie die Übung mit einfachen Worten ein: »Heute zeige ich dir eine Subtraktion. Schau, was meine Hände machen.«
2. Zeigen Sie auf die Aufgabe auf dem Blatt Papier und gehen Sie dann Schritt für Schritt vor.
   - → Zeigen Sie zuerst auf die erste Zahl auf dem Papier und fragen Sie das Kind: »Was für eine Zahl ist das?« Bestätigen Sie auch hier seine Antwort und sagen Sie einfach: »Richtig, das ist eine Vier. Also nehmen wir vier Knöpfe.«
   - → Zeigen Sie ihm die zweite Zahl (z. B. eine Eins) und gehen Sie ebenso vor.
   - → Erklären Sie ihm nun das Minuszeichen mit folgenden Worten: »Das hier ist das Zeichen für Subtraktion – ein Minus.« Erläutern Sie dann: »Eine Subtraktion bedeutet, dass man etwas abzieht, d. h. man nimmt etwas weg, und das Ergebnis ist das, was übrig bleibt.«
3. Nehmen Sie nun die vier Knöpfe aus der Dose und legen Sie sie gut sichtbar für Ihr Kind auf den Tisch. Dann nehmen Sie einen Knopf weg und erklären: »Wir haben also vier Knöpfe und nehmen einen weg. Dann zählen wir, wie viele übrig bleiben.«
4. Wenn Sie gezählt haben, sagen Sie zu Ihrem Kind: »Es bleiben drei Knöpfe übrig. Darum können wir jetzt die Zahl Drei neben das Ist-Gleich-Zeichen schreiben.« Vergessen Sie an dieser Stelle nicht, Ihr Kind besonders auf das Gleichheitszeichen hinzuweisen. Fassen Sie die Subtraktion nochmals in Worte: »Also: 4 minus 1 ist gleich 3«.
5. Beenden Sie Ihre Vorführung, indem Sie Ihrem Kind vorschlagen, es selbst zu versuchen: »Jetzt, wo ich dir die Subtraktion gezeigt habe, möchtest du noch eine machen?«

Fehlerkontrolle: Sie können das Ergebnis selbst kontrollieren oder es auf die Rückseite des Blattes mit der Rechenaufgabe schreiben, sodass Ihr Kind die Korrektur allein vornehmen kann.

Wie verhalte ich mich, wenn mein Kind Fehler macht?
Wenn Ihr Kind Zahlen oder Buchstaben verkehrt herum schreibt (oder gegen andere Schreibregeln verstößt), bringt es nichts, ihm zu sagen, dass es etwas falsch gemacht hat, und es ihm richtig vorzuschreiben. Wenn Ihr Sprössling seinen Fehler nicht erkennt, liegt das daran, dass sein Gehirn noch nicht die nötige Reife hat. Eine Wiederholung ist dann sinnlos. Schlagen Sie Ihrem Kind einfach die nächste Übung vor, **ohne allerdings Druck auszuüben**. Es ist wichtig, das Kind auf andere Gedanken zu bringen, damit es sein Selbstvertrauen nicht verliert.

Zahlen (und Buchstaben) in der richtigen Richtung schreiben

Alter: 2–8 Jahre

Ziele: Erkennen von Zahlen und Buchstaben, Heranführung ans Schreiben.

Voraussetzung: Lassen Sie Ihr Kind die Ziffern und Buchstaben auf den Sandpapierkarten mit den Fingern entlangfahren, bevor Sie ihm diese Übung vorschlagen.

Material:

- eine Sandpapier-Buchstaben- oder Zahlenkarte, die das Kind mit den Fingern entlangfahren soll
- ein Tablett
- Sand oder fein gemahlener Grieß
- evtl. ein Stöckchen

Vorbereitung: Schütten Sie eine dünne Schicht Sand oder Grieß auf das Tablett. Da die Körner sehr klein sind, sollten Sie immer in der Nähe bleiben und aufpassen, dass das Kind sie nicht verschluckt.

Präsentation:

1. Fordern Sie Ihr Kind auf, die Übung mit Ihnen zu machen, seine Matte auszurollen und das Material daraufzustellen. Leiten Sie die Übung ein, indem Sie sagen: »Heute zeige ich dir, wie man die Zahl (oder den Buchstaben) X schreibt. Schau, was meine Hände machen.«
2. Zeigen Sie Ihrem Kind das Sandpapierkärtchen mit der angekündigten Ziffer (oder dem Buchstaben). Fordern Sie es dann auf, diese(n) mehrere Male entlangzufahren. So ist es richtig: mit zusammengelegtem Zeige- und Mittelfinger der Linie auf der Karte folgen, wobei die Augen geschlossen bleiben.
3. Legen Sie nun die Zahl (oder den Buchstaben) neben das Tablett und bitten Sie Ihr Kind, sie im Sand (oder Grieß) mehrere Male nachzuzeichnen: zuerst mit den Fingern, dann mit dem Stöckchen, wobei darauf zu achten ist, dass es das Stöckchen wie einen Stift hält. Wenn Sie keinen Grieß zur Hand haben, kann Ihr Sohn oder Ihre Tochter die Zahl (oder den Buchstaben) aber auch in die Luft oder auf Ihren Rücken »malen«.
4. Wenn die Übung beendet ist, lassen Sie Ihr Kind das Material ins Regal zurückstellen und sagen Sie zu ihm: »Jetzt, wo ich dir die Übung gezeigt habe und du weißt, wo die Sachen stehen, kannst du sie machen, wann du willst und so oft du willst.«

Fehlerkontrolle: Die Kontrolle erfolgt visuell. Das Kind kann das, was es in den Sand (oder den Grieß) gezeichnet hat, mit der Abbildung auf der Sandpapierkarte vergleichen.

Sprache

Kinder im Vorschulalter sind wahre kleine Quasselstrippen! In der sensiblen Periode für Sprache, die in diesem Alter durchlebt wird, entfaltet das Kind eine besondere Leidenschaft fürs Sprechen. Wie kann man es dabei begleiten und dieses Interesse fördern? Die Montessori-Methode bietet Ihnen hier einige sehr wirkungsvolle Möglichkeiten, die sich nicht nur in Kindergarten und Schule, sondern auch zu Hause umsetzen lassen.

Das Sprechen

Auch wenn Sie es längst wissen: Ihr Kind ist genial! Der Beweis dafür ist, dass es von allein sprechen lernt (ebenso wie laufen). Der Spracherwerb ist etwas Universelles. Jeder kleine Mensch bewältigt ihn irgendwann – in seinem individuellen Tempo. Wenn ein Kind ein Vorbild hat und von Anfang an mit ihm gesprochen wird, wird es Schritt für Schritt immer besser sprechen lernen. Die Sprachentwicklung gliedert sich in zwei große Phasen:

- **Erste Phase – 0 bis 24 Monate:** Das Kind produziert zunächst Laute, geht dann über zu Silben (die nicht unbedingt einen Sinn ergeben) und artikuliert schließlich einzelne Worte.
- **Zweite Phase – 24 bis 36 Monate:** Die Phase des Grammatikerwerbs, in der das Kind beginnt, ganze Sätze mit Subjekt, Prädikat und Objekt zu formulieren.

Auch wenn die Sprachentwicklung etwas Natürliches ist, kann sie durch Bezugspersonen und Umgebung günstig beeinflusst werden. Damit ein Kind zum Sprechen angeregt wird, sollte es in Sprache »baden«; so bilden sich schon in den ersten Jahren entsprechende Verknüpfungen im Gehirn. Auch durch das, was es rundherum hört, erweitert ein Kind seinen Wortschatz.

Zweisprachig aufwachsen

Eine Zweitsprache muss dem Kind innerhalb der sensiblen Periode für Sprache nahegebracht werden. Nur in dieser Phase kann es sie sich auf Muttersprachenniveau aneignen. Bei einem späteren Beginn wird die Sache mühsamer. Die beste Methode ist, das Kind vollkommen in eine Sprache eintauchen zu lassen, die der Erwachsene perfekt beherrscht (auch was die Aussprache angeht), und vor allem nicht zu übersetzen, damit sich das kindliche Gehirn daran gewöhnt, zwischen den Sprachen zu wechseln.

Lesen lernen

Zwischen zwei und acht Jahren vollzieht sich eine weitere entscheidende Etappe in der Sprachentwicklung: Das Kind lernt lesen. Maria Montessori hat die Beobachtung gemacht, dass alle Kinder dabei demselben Schema folgen:

- In einer ersten Phase, die unumgänglich ist, schreiben sie die Wörter nach Gehör.
- In einer späteren Phase gelingt es ihnen, die Wörter auch zu lesen.

Wie schon der Spracherwerb kann auch das Lesenlernen durch die Haltung des Erwachsenen und eine vorbereitete Umgebung günstig beeinflusst werden. Ein Kind, das mit vielen Büchern aufwächst, dem Geschichten erzählt werden und das seine Eltern regelmäßig lesen sieht, wird selbst ein gesteigertes Interesse am Lesenlernen entwickeln.

Worauf Sie achten sollten

Genau wie in allen anderen Lernbereichen der Montessori-Pädagogik sind auch bei der Spracherziehung bestimmte Grundregeln zu beachten.

1. Den Reichtum der Sprache nahebringen

Sprechen Sie von Anfang an so viel wie möglich mit Ihrem Kind. Sehen Sie es dabei an und sprechen Sie klar und deutlich. Drücken Sie sich differenziert und präzise aus. Wenn Sie ihm etwas zeigen, verwenden Sie genaue Bezeichnungen. Sagen Sie zum Beispiel nicht »Sieh mal, ein Baum!«, sondern besser »Sieh mal, eine Birke!« (Eiche, Ahorn usw.). Wenn Ihr Kind größer wird, können Sie Farbe, Größe oder Art eines Gegenstandes durch Adjektive näher beschreiben.

Machen Sie sich bewusst, dass ein großer Wortschatz Ihrem Kind ungemein hilft, Selbstvertrauen und Sicherheit im Umgang mit anderen zu entwickeln, weil er ihm ermöglicht, seine Gefühle, Wünsche und Erlebnisse besser auszudrücken.

2. Durch Laute ans Lesen heranführen

Auch wenn Sie finden, dass Ihr Kind schon jetzt viel zu schnell groß wird: Durch frühzeitiges Lesenlernen kann es nur gewinnen. Die Lesekompetenz trägt zu seiner Selbstständigkeit bei, weil es durch Lesen alles entschlüsseln kann, was es umgibt: Plakate, Etiketten, Zeitungen, Bücher usw. Aber wann und wo anfangen? Wenn Ihr Kind schon gut spricht und sich für Buchstaben interessiert, ist das das Zeichen dafür, dass es sich mitten in der sensiblen Periode fürs Lesenlernen befindet. Überlegen Sie, wie Sie es darauf vorbereiten. In der Montessori-Pädagogik soll dem Kind bewusst gemacht werden, dass ein Wort sich aus Lauten zusammensetzt und dass jeder Laut einem Buchstaben entspricht. Beginnen Sie also sehr frühzeitig mit den ersten Lautspielen und arbeiten Sie ausgiebig mit Vogelpfeifen an der Gehörbildung (s. S. 91), damit Ihr Kind den abstrakten Begriff des Lauts versteht. Achten Sie darauf, dass Sie ihm den Laut eines Buchstabens beibringen, nicht dessen Namen. Sagen Sie für »M« also nicht »emm«, sondern »mmm wie Maus«.

3. Im Alltag mit Lauten spielen

Lautspiele kann man den ganzen Tag über machen. Wenn Sie zum Beispiel mit Ihrem Kind den Tisch decken, können Sie zu ihm sagen: »Der Löffel kommt hierhin. Welchen Laut hörst du am Anfang von ›Löffel‹? Den Laut lllll.«

Sie können auch gemeinsam ein Laut-Heft anlegen. Dazu schreiben Sie oben auf jede Heftseite (oder auf jedes Blatt, wenn Sie lose Blätter benutzen) einen Buchstaben. Kleben oder malen Sie dann auf jede Seite Bilder von Gegenständen, Tieren, Pflanzen oder Familienmitgliedern, deren Namen mit diesem Laut beginnen. Ihr Kind wird begeistert sein!

Druck- oder Schreibschrift?
Wenn Sie Ihrem Kind sehr früh (mit etwa vier Jahren) die Buchstaben beibringen, sollten Sie mit Druckschrift beginnen, da diese überall präsent ist und Sie ihm auf diese Weise ermöglichen, alles zu entschlüsseln, was es umgibt. Außerdem ist die Feinmotorik in diesem Alter noch nicht voll ausgereift, sodass die verbundenen Buchstaben der Schreibschrift oft viel schwerer zu schreiben sind als die Druckbuchstaben, von denen manche, wie z. B. das L, recht schnell gelingen. So kann Ihr Kind schon, wenn es noch sehr klein ist, erste Wörter schreiben, und der Leselernprozess wird wesentlich früher in Gang gesetzt.

Vorschläge für Übungen zur Sprachförderung und zum Lesenlernen

Wortschatz erweitern

Alter: 16 Monate

Ziel: Erweiterung des Wortschatzes.

Material:

- Alltagsgegenstände oder gängige Lebensmittel (Früchte, Gemüse, Küchengeräte, Nüsse usw.)
- ein Korb oder ein Tablett

Vorbereitung: Legen Sie die Dinge paarweise zusammen – es sollten vier bis fünf Paare der gleichen Kategorie (Früchte, Küchengeräte usw.) sein – und legen Sie diese in den Korb oder auf das Tablett. Beginnen Sie mit nur einer Kategorie.

Präsentation:

1. Fordern Sie Ihr Kind auf, mit Ihnen die Übung zu machen, seine Matte zu holen und das Material daraufzustellen. Sagen Sie dann zu ihm: »Heute lernen wir neue Dinge kennen: Gemüse. Magst du Gemüse?«
2. Zeigen Sie Ihrem Kind, wie man ein Gemüse entdeckt: Nehmen Sie eins aus dem Korb, riechen Sie daran und betasten Sie es, um Geruch und Beschaffenheit kennenzulernen.
3. Geben Sie das Gemüse dann an Ihr Kind weiter und fordern Sie es auf, das gleiche aus dem Korb herauszusuchen und beides vor sich hinzulegen. Verfahren Sie ebenso mit den übrigen Gemüsen.
4. Wenn Sie fertig sind, machen Sie das Ganze umgekehrt. Nehmen Sie eines der Gemüse, das vor Ihnen liegt, sagen Sie, wie es heißt, und legen Sie es in den Korb zurück.
5. Fragen Sie Ihr Kind, ob es das passende Gegenstück finden und ebenfalls in den Korb legen kann. Beschreiben Sie an dieser Stelle dem Kind das Gemüse, um ihm zu helfen: »Es ist orange, hart, hat Blätter …« Fahren Sie fort, bis alles wieder im Korb ist.
6. Wenn die Übung beendet ist, lassen Sie Ihr Kind alles wieder ins Regal zurückstellen und sagen Sie zu ihm: »Jetzt, wo ich dir die Übung gezeigt habe und du weißt, wie sie geht und wo die Sachen stehen, kannst du sie machen, wann du willst und so oft du willst.«

Das Laut-Spiel: Was beginnt mit …?

Alter: 3 Jahre

Voraussetzung: Ihr Kind muss schon flüssig sprechen können, um Schwierigkeiten bei der Aussprache zu vermeiden.

Ziel: Dem Kind bewusst machen, dass ein Wort aus Lauten besteht.

Material:

- einige Alltagsgegenstände, die mit demselben Buchstaben beginnen (z. B. Brille, Ball, Bär, Bauklotz)
- einige Gegenstände, die mit anderen Buchstaben beginnen (Würfel, Schaufel usw.)

Vorbereitung: Legen Sie die Sachen auf den Tisch. Bevor Sie mit der Übung beginnen, sollten

Sie sich vergewissern, dass das Kind alle Gegenstände, die vor ihm liegen, benennen kann.

Präsentation:

1. Fordern Sie Ihr Kind zu der Übung auf, indem Sie zu ihm sagen: »Heute wollen wir uns Dinge anschauen, die mit *b* beginnen.«
2. Nehmen Sie einen Gegenstand vom Tisch, z. B. die Brille, und sagen Sie zu Ihrem Kind: »Hörst du das *b* am Anfang von *Brille?*«
3. Wenn das Kind bejaht, ermuntern Sie es, einen weiteren Gegenstand zu finden, dessen Name mit demselben Buchstaben beginnt: »Ich sehe was, was du nicht siehst, und das fängt mit *b* an.«
4. Machen Sie so lange weiter, bis Ihr Kind alles gefunden hat, was mit dem Buchstaben B beginnt, und schließen Sie dann die Übung mit dem üblichen Schlusssatz ab.

Bei dieser Übung sind mehrere Abwandlungen möglich, je nachdem, wie weit Ihr Kind schon ist.

- Die einfachste Variante: Platzieren Sie zwei Dinge auf dem Tisch (zum Beispiel einen Ball und eine Tasse) und sagen Sie: »Meine Hand nimmt jetzt ein Ding, das mit *b* anfängt. Welches ist das?«
- Wenn das Kind dieses Prinzip verstanden hat, können Sie dazu übergehen, die Dinge nicht mehr auf dem Tisch zu präsentieren, sondern sie das Kind im ganzen Raum suchen zu lassen. Sagen Sie zum Beispiel: »Ich suche ein Ding, das mit *b* wie Ball anfängt. Siehst du so eins hier im Zimmer?«

Noch anspruchsvoller wird es, wenn Sie mit Wörtern spielen, die aus drei Lauten bestehen, z. B. Ball, Fuß, Sack oder Rad. Helfen Sie Ihrem Kind dabei, den Laut am Anfang oder in der Mitte des Wortes herauszuhören, und fordern Sie es dann auf, den Gegenstand zu finden, in dem es den gesuchten Laut hört: das *l* am Ende, das a in der Mitte usw.

Die Art der Wörter: Namenwörter

Alter: 5 Jahre

Voraussetzung: Ihr Kind kann schon Wörter mit drei, vier, fünf und sechs Buchstaben lesen, die es nach Gehör aufgeschrieben hat.

Ziel: Dem Kind begreiflich machen, was ein Namenwort ist.

Material:

- eine Kiste
- kleine Tierfiguren (Hahn, Esel, Katze, Ente usw.)
- schwarze Schildchen

Vorbereitung: Legen Sie die Figuren in die Kiste und schreiben Sie die Namen der Tiere in weißer Druckschrift auf die Schildchen.

Präsentation:

1. Fordern Sie Ihr Kind auf, mit Ihnen die Übung zu machen, seine Matte auszulegen und Ihnen die Kiste zu bringen. Sagen Sie: »Heute lernen wir, was ein Namenwort ist.«
2. Stellen Sie die Tierfiguren von links nach rechts in einer Reihe auf dem Teppich auf.
3. Stellen Sie dann den Hahn vor Ihr Kind hin und fordern Sie es auf: »Gib mir den Hahn.«
4. Sobald es Ihnen den Hahn gereicht hat, stellen Sie die Katze vor es hin und sagen Sie: »Gib mir die Katze.«
5. Wenn Sie damit fertig sind, leiten Sie die zweite Phase der Übung ein, indem Sie sagen: »Gib mir ...«, ohne den Tiernamen zu nennen.
6. Gibt Ihr Kind Ihnen nun den Esel, sagen Sie: »Nein, den Esel will ich nicht.« Reicht es Ihnen dann den Hasen, lehnen Sie ebenfalls ab, und setzen Sie diesmal hinzu: »Ich wollte eigentlich die Ente. Damit du weißt, welches Tier ich will, hätte ich dir den Namen sagen müssen. ›Hahn‹ ist ein Namenwort, ›Katze‹ ist ein Namenwort, ›Ente‹ ist ein Namenwort. Kannst du mir noch andere Namenwörter sagen?«
7. Holen Sie jetzt die Schildchen aus der Kiste und fordern Sie Ihr Kind auf, sie unter die jeweilige Tierfigur zu legen.
8. Bitten Sie Ihr Kind nach Abschluss der Übung, das Material wieder ins Regal zu stellen, und sagen Sie: »Jetzt, wo ich dir die Übung gezeigt habe und du weißt, wie sie geht und wo die Sachen stehen, kannst du sie machen, wann du willst und so oft du willst.«

Kultur

Der Kulturbegriff nach Montessori ist außerordentlich weit gefasst. Die »kosmische Erziehung« ist unerlässlich, um einem Kind Wissen über die Welt zu vermitteln, in der es lebt, sei es nun Geografie, Naturwissenschaften oder ganz einfach der Begriff der Zeit.

Wieso hat die Kultur in der Montessori-Pädagogik einen so hohen Stellenwert?

Bereits in den 1920er Jahren war Maria Montessori überzeugt davon, dass Toleranz und Empathie Grundvoraussetzungen für ein friedliches Zusammenleben aller Menschen sind. Sie betonte: »Den Frieden dauerhaft zu errichten ist die Aufgabe der Erziehung. Die Politik kann nur den Krieg verhindern.« Ihr Befund ist simpel: Wir neigen dazu, abzulehnen, was wir nicht kennen und nicht verstehen. Je mehr wir unseren Kindern daher an Kenntnissen über Dinge, Orte, Menschen und deren Lebensweisen vermitteln, desto eher werden sie in der Lage sein, andere mit all ihren Unterschieden zu akzeptieren.

Die Kulturvermittlung ist aber nicht nur für die Gesellschaft insgesamt, sondern auch für den Einzelnen unverzichtbar. Durch Kultur wird jedes Kind gleich in mehrfacher Hinsicht bereichert:

- Sie hilft ihm, sein Selbstvertrauen zu stärken. Je besser ein Kind die Welt kennt, in der es heranwächst – so die Beobachtung Maria Montessoris –, desto wohler und geborgener fühlt es sich und kann in Ruhe seine Personalität aufbauen.
- Sie kommt seinem natürlichen Wissensdrang entgegen und kann so seine Bedürfnisse stillen und zu seiner Persönlichkeitsentfaltung beitragen.
- Sie macht ein Kind aufgeschlossener und wirkt sich positiv auf die Erfassung von Zusammenhängen und andere Grundkompetenzen aus. Ein kulturell gebildetes Kind verfügt über die nötigen Orientierungspunkte, um seine Analyse- und Synthesefähigkeiten zu verbessern, sich differenzierter auszudrücken, zu argumentieren usw.

- Sie begünstigt die Sprachentwicklung. Das Kind kann durch kulturelle Bildung seinen Wortschatz erheblich erweitern – in der Muttersprache, aber auch in einer oder sogar mehreren Fremdsprachen.

Wie soll man kleine Enthusiasten fördern?

Es ist sehr wichtig, das Kind in seiner Begeisterung zu unterstützen und ihm zu ermöglichen, mehr über Dinge zu erfahren, für die es sich interessiert. Dann wird es sich ein umfangreiches Weltwissen und einen differenzierten Wortschatz aneignen und vor allem eine starke emotionale Sicherheit und großes Vertrauen in den Erwachsenen entwickeln, weil es merkt, dass dieser immer bereit ist, seine Erwartungen zu erfüllen. Auch konzentriert sich ein Kind grundsätzlich besser auf Themen, die es spannend findet, und eine gute Konzentrationsfähigkeit erleichtert ihm das Leben erheblich.

Um die Begeisterungsfähigkeit Ihres Kindes zu unterstützen, unternehmen Sie viel mit ihm, gehen Sie in Museen, geben Sie ihm Bücher oder schlagen Sie ihm Filme oder Apps zu den Themen vor, die es faszinieren. Achten Sie aber immer darauf, Bildschirme dabei nicht überzustrapazieren, vor allem bei sehr jungen Kindern!

Vorschläge für Übungen im Bereich Kultur

Wollen Sie, dass Ihr Kind sich mit Kultur und Umwelt auseinandersetzt? Dann lassen Sie sich von den folgenden Montessori-Aktivitäten für unterschiedliche Altersstufen inspirieren.

Die Natur beobachten

Alter: 0–2 Jahre

Ziel: Entwicklung der Beobachtungsgabe, insbesondere in der Natur.

Material: nach Belieben

In den ersten Lebensmonaten entwickelt sich Ihr Baby, indem es seine Umgebung entdeckt. Nutzen Sie die Gelegenheit und machen Sie es auf die Schönheit der Natur aufmerksam! Hier ein paar Beispiele, wie Sie dies – je nach Ihren Möglichkeiten – tun können:

1. Legen Sie die Spiel- und Lerndecke ans Fenster, damit es die Bäume, den Himmel usw. beobachten kann.
2. Hängen Sie in seiner Augenhöhe (in den ersten Monaten auf Fußbodenhöhe) Bilder von Bäumen, Blumen oder Landschaften auf.
3. Kleben Sie einen großen Aufkleber in Form eines Baums mit Blättern an die Wand in seiner Spielecke.
4. Gehen Sie regelmäßig tagsüber nach draußen. Egal, was Sie machen, Ihr Kind wird davon profitieren! Sie können zum Beispiel Ihr Baby im Garten auf eine Decke legen, damit es das Rauschen des Windes in den Blättern und den Gesang der Vögel hört, oder einfach einen kleinen Umweg durch den Park machen.

Wenn Ihr Kind größer wird, dehnen Sie die gemeinsamen Spaziergänge aus. Bleibt es ständig stehen, um Insekten, Steinchen, Blätter oder andere Dinge in seiner Umgebung zu betrachten? Haben Sie Geduld! In den ersten Lebensjahren durchlebt Ihr Kind eine sensible Periode, in der es sich besonders für kleine Dinge interessiert. Diese sehr wichtige Phase muss unbedingt respektiert werden, damit es alles ausgiebig erkunden kann, was ihm »über den Weg läuft«.

Zuordnungskarten

Alter: 2–3 Jahre

Ziele: Den Fachwortschatz des Kindes erweitern, sein Vorstellungsvermögen fördern (eine Karte entspricht einer Realität) und es für die Vielfalt der umgebenden Welt sensibilisieren.

Material:

- mehrere Bildkartenpaare (anfangs 3 bis 4)
- ein Tablett oder eine Schachtel

Vorbereitung: Stellen Sie die Karten selbst her, indem Sie Bilder von Dingen oder Tieren zu verschiedenen Themenbereichen auf Kärtchen aufkleben: Haustiere, wilde Tiere, Bauernhoftiere, Blumen, Bäume usw. Jedes Objekt bzw. Tier muss auf je zwei Karten abgebildet sein. Statt zu kleben, können Sie natürlich auch selbst Bilder malen!

Präsentation:

1. Fordern Sie Ihr Kind auf, die Übung mit Ihnen zu machen, seine Matte auszulegen und Ihnen die Schachtel zu bringen. Sagen Sie: »Heute lernen wir, Blumen zu erkennen.«
2. Nehmen Sie die Karten aus der Schachtel und legen Sie sie von links nach rechts auf der Matte aus, sodass sie gut sichtbar vor Ihrem Kind liegen. Sagen Sie jedes Mal, wenn Sie eine Karte hinlegen, die Bezeichnung der abgebildeten Blume dazu.
3. Wenn alle Karten ausgelegt sind, nehmen Sie eine davon auf, wiederholen Sie die Bezeichnung der Blume und legen Sie sie oben links auf die Matte. Verwenden Sie dabei wie üblich möglichst einfache Worte, zum Beispiel: »Das ist eine Tulpe.«
4. Nun ist Ihr Kind an der Reihe. Es muss die dazu passende Karte finden. Ermuntern Sie es, mitzumachen, indem Sie sagen: »Kannst du die andere Karte mit der Tulpe finden?«

5. Hat es die Karte gefunden, legen Sie sie rechts neben die erste Karte und bestätigen Sie, dass es alles richtig gemacht hat: »Du hast das Bild mit der Tulpe gefunden.«
6. Wiederholen Sie diese Schritte, bis alle Blumenkartenpaare gefunden sind, und schließen Sie die Übung mit dem Satz ab: »Jetzt, wo ich dir die Übung gezeigt habe und du weißt, wie sie geht und wo die Sachen stehen, kannst du sie machen, wann du willst und so oft du willst.«

Für Fortgeschrittene:

- Passen Sie die Anzahl der Karten an das Alter und das Konzentrationsvermögen Ihres Kindes an: Beginnen Sie mit drei oder vier Paaren und erhöhen Sie nach und nach die Anzahl.
- Alternativ können Sie von jedem Paar eine Karte aufnehmen und den abgebildeten Gegenstand benennen. Das Kind soll dann auf die entsprechende andere Karte zeigen.

Die Kontinente

Alter: 4–6 Jahre

Ziele: Die Namen der Kontinente lernen; das Kind für kulturelle Unterschiede sensibilisieren und ihm vermitteln, dass alle Menschen die gleichen Gefühle empfinden; Toleranz und Akzeptanz für andere entwickeln; Erziehung zum Frieden.

Material:

- eine Weltkarte, auf der die Kontinente nach der Montessori-Farbgebung unterschiedlich eingefärbt sind
- eine Schachtel in der Farbe des betreffenden Kontinents mit typischen Gegenständen
- eine Mappe je Kontinent

Vorbereitung: Wenn Sie Ihre Montessori-Weltkarte selbst herstellen wollen, wählen Sie folgende Farben für die verschiedenen Kontinente:

- Europa: rot
- Asien: gelb
- Afrika: grün
- Australien und Ozeanien: braun
- Nordamerika: orange
- Südamerika: rosa

Legen Sie anschließend Mappen zu den einzelnen Kontinenten an, mit Blättern in der jeweiligen Farbe, auf die Sie hübsche Fotos zu verschiedenen Themenbereichen kleben: Wohnhäuser, Landschaften, Tiere, Bauwerke, Kinder

Erleichtern Sie sich die Arbeit!
Sie basteln nicht gerne und beim Gedanken ans Selbermachen wird Ihnen mulmig? Kein Problem, das geografische Montessori-Material finden Sie in allen spezialisierten Webshops (s. S. 132).

und Eltern (auf deren Gesichtern sich Gefühle erkennen lassen, z. B. lachende, weinende, wütende Kinder usw.).
Beginnen Sie mit ca. sechs Bildern je Mappe. Mit der Zeit können Sie die Mappe erweitern.

Präsentation:

1. Fordern Sie Ihr Kind auf, die Übung mit Ihnen zu machen, seine Matte auszulegen und das Material zu holen. Sagen Sie: »Heute entdecken wir einen Kontinent.«
2. Zeigen Sie ihm zunächst die Weltkarte und benennen Sie die einzelnen Kontinente.
3. Nach diesem ersten Überblick soll Ihr Kind einen Kontinent auswählen. Geben Sie ihm die dazugehörige Schachtel und lassen Sie es den Inhalt erkunden. Geben Sie ihm zu jedem Gegenstand ein paar einfache Erläuterungen.

4. Schlagen Sie dem Kind nun vor, die Mappe zu dem gewählten Kontinent anzuschauen, und lassen Sie es Häuser, Landschaften, Tiere usw. detailliert und ausgiebig betrachten.
5. Wenn das Kind fertig ist, räumen Sie das Material weg und beenden Sie die Übung mit der üblichen Formel.

Nomenklaturkarten

Alter: 2–6 Jahre

Ziel: Erweiterung des Wortschatzes

Material:

- ein Set aus Schildchen und Kartenpaaren (zu Beginn ca. 6 Kartenpaare und 6 Schildchen, später mehr): Jedes Kartenpaar besteht aus einer Karte, auf der ein Tier (oder Gegenstand) mit der dazugehörigen Bezeichnung abgebildet ist, und einer zweiten Karte mit der gleichen Abbildung, jedoch ohne Bezeichnung. Auf dem Schildchen steht nur die Bezeichnung des Tiers.
- eine Matte

Präsentation:

1. Fordern Sie Ihr Kind auf, die Übung mit Ihnen zu machen, seine Matte auszulegen und Ihnen das Material zu bringen. Sagen Sie: »Heute wollen wir Tiernamen zuordnen.«
2. Nachdem Sie die beschrifteten Karten am oberen Mattenrand von links nach rechts ausgelegt haben, lassen Sie Ihr Kind unter jede dieser Karten die dazugehörige unbeschriftete Karte legen.
3. Wie Sie mit der Übung weitermachen, hängt nun davon ab, wie gut Ihr Kind bereits lesen kann. Kann es noch gar nicht lesen, zeigen Sie ihm einfach nur die einzelnen Bilder und benennen Sie, was darauf abgebildet ist.
4. Wenn das Kind schon lesen kann, soll es das Schildchen mit dem Namen des Tiers unter die entsprechende Karte legen.

5. Ist Ihr Kind bereits ein Lese-Profi, können Sie es auch auffordern, sich die zu den Bildern gehörenden Wörter gut zu merken, und dann die beschrifteten Bildkärtchen umdrehen. Mischen Sie nun alle Schildchen, geben Sie sie Ihrem Kind und lassen Sie es die Wörter den richtigen Bildern zuordnen.
6. Wenn die Übung beendet ist, lassen Sie Ihr Kind das Material in sein Regal zurückstellen und sagen Sie zum Abschluss die üblichen Worte.

Fehlerkontrolle: Die Kontrolle erfolgt visuell. Wenn Ihr Kind ein Schildchen unter ein Bild gelegt hat, drehen Sie das beschriftete Kärtchen um. Daraufhin sieht es, ob das Wort auf dem beschrifteten Bild dasselbe ist wie das auf dem Schildchen.

Kapitel 7

Zu Hause und im Urlaub – Aktivitäten für jede Jahreszeit

Schon in Ihren frühen Schriften betont Maria Montessori, dass die Natur ein zentrales Element in der Erziehung von Kindern zu sein habe. Sie ist der Auffassung, dass die Umwelt die natürliche Erweiterung der vorbereiteten Umgebung ist, in der ein Kind sich Tag für Tag entwickelt, und dass Lernen nicht nur in der Schule, sondern auch draußen im Freien stattfindet. Die Natur, so Montessori, bietet nicht nur unendliche Möglichkeiten für das Lernen mit allen Sinnen (an Blumen riechen, Wasser spüren, Wassergewöhnung usw.), sondern trägt auch zur körperlichen und

seelischen Entfaltung des Kindes bei. Darüber hinaus lernt ein Kind im Kontakt mit der Umwelt, andere Lebewesen zu achten, und es begreift, dass es selbst Teil eines großen Ganzen und nicht dessen Mittelpunkt ist. Aus gutem Grund also werden die Natur und ihr Wandel im Lauf der Jahreszeiten bei vielen Montessori-Aktivitäten als »Lernmaterial« einbezogen. Und Sie dürfen sich freuen: Eine ganze Reihe dieser Übungen lässt sich ganz einfach auch zu Hause durchführen.

Im Sommer

Der Sommer ist die ideale Jahreszeit, um mit Kindern in die Natur einzutauchen – und um zu lernen! Denn mit der Montessori-Methode tragen Blumenpflücken, Muschelsuchen oder einfach im Wasser planschen zur motorischen Entwicklung des Kindes, zum Ausbau seines Wortschatzes und zum Verständnis mathematischer Grundbegriffe bei. Mit anderen Worten: Sie genießen die Sonne und fördern gleichzeitig Ihr Kind!

Praktisches Leben: Wasser

Alter: 1 ½ Jahre

Ziele: Verbesserung der Auge-Hand-Koordination, Förderung der Entwicklung von motorischer Geschicklichkeit und Konzentrationsvermögen, Vorbereitung auf das Konzept der Division …

Material:

- zwei gleiche Eimer
- ein Schwamm in kindgerechter Größe

Zur Erinnerung: Eine Montessori-Übung ist (fast) ein Ritual
Machen Sie die Übungen immer nach dem gleichen Ablauf!

1. **Einleiten der Übung:** Fordern Sie Ihr Kind auf, mit dem Material zu Ihnen zu kommen und seine Matte auszulegen. Stellen Sie ihm dann die Übung in wenigen Worten vor: »Heute füllen wir Wasser um (sortieren wir Muscheln usw.). Schau, was meine Hände machen.«
2. **Die Konzentration des Kindes nicht stören:** Mischen Sie sich so wenig wie möglich ein, während Ihr Kind in die Übung vertieft ist.
3. **Abschluss:** Fordern Sie das Kind am Ende der Übung immer auf, das Material aufzuräumen, und erinnern Sie es dann daran: »Jetzt, wo ich dir die Übung gezeigt habe und du weißt, wie sie geht und wo die Sachen stehen, kannst du sie machen, wann du willst und so oft du willst.«

- etwas Wasser
- ein Tablett

Präsentation:

Stellen Sie die Eimer auf das Tablett. Füllen Sie den linken Eimer mit Wasser und legen Sie den Schwamm hinein. Zeigen Sie nun dem Kind, wie man durch Drücken und Loslassen des Schwamms das Wasser von dem ersten in den zweiten Eimer umfüllen kann.

Sinnesschulung: Muscheln sortieren

Alter: 1 ½ Jahre

Ziele: Förderung der visuellen Wahrnehmung des Kindes, Lernen, etwas nach der Form zu sortieren.

Material:

- ein Eimer
- 3 Schälchen
- je 4 Exemplare von 3 sehr unterschiedlich aussehenden Muschelarten

Präsentation:

1. Nachdem Sie die Muscheln mit Ihrem Kind gesammelt haben, stellen Sie den Eimer auf einem Stein oder Felsvorsprung ab und die leeren Schälchen darüber.
2. Fordern Sie Ihr Kind auf, die Muscheln zu sortieren. Lassen Sie es selbst darauf kommen, dass es sie nach ihrer Form sortieren soll.

Mathematik: Zählen mit Muscheln

Alter: 3–7 Jahre

Ziel: Das Kind ans Zählen heranführen.

Material:

- Muscheln
- 3 bis 6 Gläser (oder Sandförmchen)
- ein Blatt Papier
- ein Stift

Präsentation:

1. Sammeln Sie mit Ihrem Kind Muscheln; es sollten etwa zwanzig möglichst ähnliche sein. Allerdings brauchen Sie nicht nach perfekten Exemplaren zu suchen, bis Sie in der Sonne verschmort sind! Die Anzahl hängt ja davon ab, welche Zahlen Ihr Kind bereits kennt. Wenn es also noch sehr klein ist, sind sechs Muscheln (und drei Gläser) vollkommen ausreichend.
2. Stellen Sie je nach Entwicklungsstand Ihres Kindes drei, vier, fünf oder sechs Gläser auf einen Stein oder Felsvorsprung. Nummerieren Sie jedes Glas mit einem kleinen Zettel, den Sie davor legen.
3. Bitten Sie Ihr Kind, in jedes Glas die Anzahl Muscheln zu legen, die der Nummer des Glases entspricht.

Sprache: Die Umgebung (Thema Sommer)

Alter: 0–6 Jahre

Ziel: Erweiterung des Wortschatzes.

Material:

- Alles Nötige zum Fotografieren und Ausdrucken von Fotos
- Pappkarten oder ein Heft
- Klebeetiketten
- ein Stift

Präsentation:

Diese Übung können Sie mit Kindern jeden Alters ganz leicht bei all Ihren Unternehmungen machen – am besten im Sommerurlaub.

1. Wenn Ihr Kind noch ganz klein ist, sollten Sie, wenn Sie mit ihm sprechen, die Bezeichnungen für die typischen Dinge Ihrer Urlaubsregion benutzen und ihm erklären. Bei Ferien in den Bergen zeigen Sie ihm beispielsweise den Gipfel, den Gebirgsbach, die Alm, die Hütte usw.
2. Sobald es Interesse für Bücher oder Bilder erkennen lässt, fotografieren Sie diese Dinge und stellen Sie eine kleine Fotosammlung zusammen. Kleben Sie die Fotos in ein Heft oder auf Pappkarten und überlassen Sie diese Ihrem Kind.
3. Wenn das Kind schon lesen kann, schreiben Sie die Wörter für die landestypischen Dinge auf Etiketten. Fordern Sie Ihr Kind auf, die Etiketten unter die passenden Fotos zu kleben.

Kultur: Der Naturtisch

Alter: ab 1½ Jahre

Ziel: Den Wortschatz des Kindes erweitern, sein Vorstellungsvermögen fördern (eine Karte entspricht einer Realität) und es für die Vielfalt der umgebenden Welt sensibilisieren.

Material:

- ein Tisch
- Karten aus Pappe
- Schildchen
- ein Stift
- eine Lupe

Präsentation:

1. Stellen Sie in dem Bereich, in dem das Kind normalerweise seine Übungen macht, einen sogenannten Naturtisch auf.
2. Sammeln Sie bei Ihren Spaziergängen alle möglichen kleinen Dinge, die typisch für die Jahreszeit sind (Blätter, Blumen, Schalenfrüchte usw.), und breiten Sie diese gemeinsam mit Ihrem Kind auf dem Tisch aus. Legen Sie unbedingt eine Lupe dazu, damit Ihr Sprössling auch die Einzelheiten all dieser Dinge betrachten kann.
3. Wenn das Kind schon lesen kann, schreiben Sie die Namen der Dinge auf Schildchen, die das Kind dann an der richtigen Stelle platzieren soll.
4. Zu guter Letzt können Sie Ihre eigenen Naturkarten herstellen, auf denen Sie die Lebenszyklen von Insekten oder Pflanzen festhalten, denen Sie auf Ihren Spaziergängen begegnen. Drucken Sie zum Beispiel Fotos von Tulpen in unterschiedlichen Entwicklungsstadien (Zwiebel, erster Spross, erste Blätter, Blüte …) aus und kleben Sie sie auf Karten.

Im Herbst

Herbstliche Schalenfrüchte eignen sich besonders gut für Übungen zur Feinmotorik und Mathematik, die zahlreichen saisonalen Gemüsesorten bereichern den Wortschatz Ihres Kindes, und das wechselhafte Wetter sorgt für viele neue Umwelteindrücke. Der Herbst bietet Lernmöglichkeiten im Überfluss!

Praktisches Leben: Übung mit Nüssen und Zange

Alter: 2 Jahre

Ziele: Schulung der Feinmotorik und der Konzentration.

(Vorbereitung und Präsentation dieser Übung siehe S. 83).

Sinnesschulung: Geheimnisvoller Beutel mit Nüssen, Eicheln, Kastanien …

Alter: 3 Jahre

Ziel: Verfeinerung des Tastsinns des Kindes, Anregung seines Vorstellungsvermögens.

Material:

- 2 kleine blickdichte Stoffbeutel
- 2 Walnüsse
- 2 Haselnüsse
- 2 Esskastanien
- 2 Rosskastanien
- 2 Eicheln

Präsentation:

1. Stecken Sie in jeden Beutel eine Walnuss, eine Haselnuss, eine Esskastanie, eine Rosskastanie und eine Eichel. Legen Sie einen der Beutel vor sich und den anderen vor Ihr Kind hin.

2. Greifen Sie in Ihren Beutel und nehmen Sie eine Frucht heraus. Ihr Kind soll sie betasten und aus seinem Beutel die gleiche Frucht heraussuchen.
3. Legen Sie die beiden Früchte nebeneinander an die obere Tischkante.
4. Bitten Sie Ihr Kind nun, eine weitere Frucht aus dem Beutel zu holen, und suchen Sie dann die gleiche in Ihrem eigenen Beutel.
5. Machen Sie mit der Übung so lange weiter, bis alle Früchte auf dem Tisch liegen.

Für Fortgeschrittene:
Schlagen Sie Ihrem Kind vor, die Übung mit verbundenen Augen zu machen, die Früchte also nur durch Fühlen zu erkennen. Alternativ können Sie es auffordern, die Früchte in seiner Hand nur zu beschreiben, ohne ihren Namen zu nennen.

Mathematik: Addieren mit Eicheln

Alter: 4 Jahre

Ziel: Zahlen addieren, Terme berechnen.

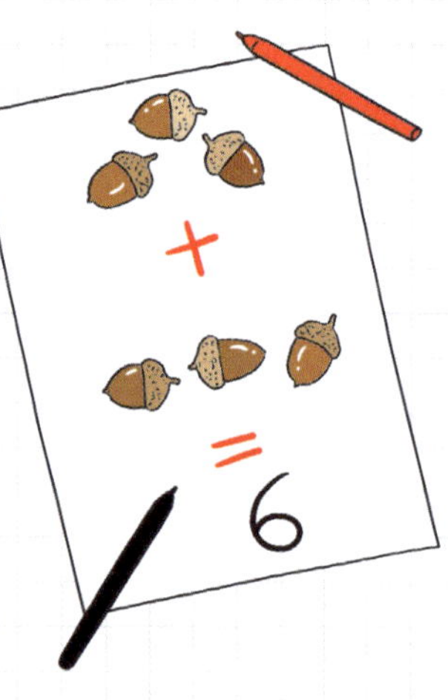

Material:
- ein Gefäß
- Eicheln
- Aufgabenkarten zur Addition
- ein abwischbarer Folienstift

Präsentation:
1. Legen Sie die gemeinsam gesammelten Eicheln in ein hübsches Gefäß.
2. Bereiten Sie laminierte kleine Karten vor, auf die Sie in Querrichtung Additionsaufgaben mit »Lücken« schreiben (s. Übung »Addieren«, S. 98–99).
3. Legen Sie die kleinen Karten und den abwischbaren Folienstift auf ein Tablett und stellen Sie das Gefäß dazu. Präsentieren Sie die Übung wie auf S. 99 beschrieben.

Sprache: Klammerkarten mit Anlauten (Thema Herbst)

Alter: 5 Jahre

Ziel: Erweiterung des Wortschatzes; dem Kind bewusst machen, dass ein Wort sich aus Buchstaben und Lauten zusammensetzt.

Material:

- Karten aus Pappe
- Bilder von Obst und Gemüse der Jahreszeit (Äpfel, Birnen, Blätter, Kastanien …)
- ein Schreibstift
- Klebepunkte
- eine Wäscheklammer

Präsentation:

1. Bereiten Sie Klammerkarten vor. Diese werden in zwei Abschnitte unterteilt:
   - ➔ Kleben oder malen Sie in den oberen Abschnitt ein Bild von einer Frucht oder einer Gemüsesorte (z. B. Apfel, Birne).
   - ➔ Teilen Sie den unteren Abschnitt der Karte in drei Kästchen auf und schreiben Sie in jedes einen Buchstaben hinein (zum Beispiel M, O, P), von denen einer der erste Buchstabe der abgebildeten Obst- oder Gemüsesorte ist.
2. Kleben Sie zur Fehlerkontrolle auf der Rückseite der Karte einen Klebepunkt an die Stelle, an der sich das Kästchen mit der richtigen Antwort befindet.
3. Legen Sie alles auf ein Tablett und fordern Sie Ihr Kind auf, die Wäscheklammer an dem Buchstaben zu befestigen, der dem Anlaut der abgebildeten Obst- oder Gemüsesorte entspricht.

Fehlerkontrolle: Die Selbstkontrolle erfolgt visuell. Das Kind kann anhand des Klebepunktes erkennen, ob seine Antwort stimmt.

Kultur: Wolken

Alter: 5 Jahre

Ziel: Erweiterung des Wortschatzes und des Wissens über Umwelt und Wetterphänomene.

Material:

- Nomenklaturkarten zu unterschiedlichen Wolkenarten entsprechend der Anleitung auf S. 116.

Präsentation:

1. Stellen Sie Nomenklaturkarten zu verschiedenen Wolkenarten her. Kleben Sie z. B. Abbildungen von Gewitterwolken auf, bei denen der stufenartige Aufbau gut erkennbar ist, oder von Stratuswolken, bei denen es für Ihr Kind leicht nachvollziehbar ist, dass diese so dicht überm Boden hängenden Wolken Nebel mit sich bringen, usw.
2. Zeigen Sie Ihrem Kind zunächst die Karten und lassen Sie es anschließend den Himmel betrachten, um die Wolkenarten zu bestimmen und eigene Wettervorhersagen zu machen!

Im Winter

Man könnte meinen, der Winter sei nicht ganz so gut geeignet für Erkundungen im Freien. Doch weit gefehlt! Mit den kälteren Temperaturen, den besonderen Verhaltensweisen der Tiere und den vielen Höhepunkten der letzten Monate des Jahres bietet die kalte Jahreszeit tausendundeine Gelegenheit für Montessori-Aktivitäten.

Praktisches Leben: Übung mit der Pipette

Vorbereitung und Präsentation dieser Übung siehe S. 84.

Sinnesschulung: Algorithmen mit Handschuhen, Schneeflocken und Tannen

Alter: 5 Jahre

Ziel: Schulung der Feinmotorik, Förderung des logischen Denkens.

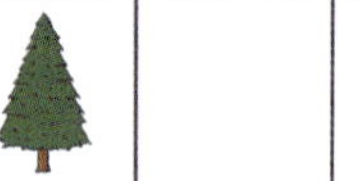

Material:

- ein Papierstreifen
- Bilder mit winterlichen Motiven, jeweils in mehreren Exemplaren
- ein Behälter

Präsentation:

1. Kleben Sie die Bilder mit den winterlichen Motiven (Schneeflocke, Handschuh, Tanne) in gleichbleibender Reihenfolge auf den Papierstreifen. Diese

Wiederholung der Motive bildet in der Montessori-Pädagogik den Algorithmus. Laminieren Sie den Streifen nach Möglichkeit; so können Sie die Übung beliebig oft wiederholen, ohne dass er Schaden nimmt.

2. Stellen Sie von jedem Motiv mehrere einzelne Karten her und legen Sie diese in den Behälter.
3. Fordern Sie Ihr Kind auf, diese Einzelbilder nach dem Algorithmus auszulegen, um die Reihe fortzusetzen.

Mathematik: Klammerkarten zur Subtraktion

Alter: 4 Jahre

Ziel: Subtrahieren lernen.

Material:

- Klammerkarten mit winterlichen Motiven und Minusaufgaben
- Klebepunkte
- eine Wäscheklammer

Präsentation:

1. Bereiten Sie zunächst die laminierten Klammerkarten vor (Anleitung s. S. 124–125). Auf den Karten sollen typische Wintermotive wie Schneeflocken, Weihnachtskugeln oder Mützen zu sehen sein. Unterteilen Sie jede Karte in zwei Abschnitte. »Zeichnen« Sie in den oberen Abschnitt die Rechenaufgabe, z. B. 5 Schneeflocken, ein Minuszeichen, 3 Schneeflocken, ein Gleichheitszeichen und eine Lücke für das Ergebnis. Untergliedern Sie den unteren Abschnitt in drei Kästchen mit verschiedenen Antwortmöglichkeiten (2, 3, 4). Kleben Sie zur Fehlerkontrolle auf der Rückseite der Karte einen Klebepunkt an die Stelle, an der sich das Kästchen mit der richtigen Antwort befindet.
2. Bereiten Sie noch eine oder mehrere weitere laminierte Karten mit Minusaufgaben und anderen winterlichen Motiven vor.
3. Geben Sie Ihrem Kind eine Karte und fordern Sie es auf, die Wäscheklammer an der richtigen Lösung der Rechenaufgabe zu befestigen.

Sprache: Nomenklaturkarten zum Thema Winter

Alter: ab 2 Jahre

Ziel: Erweiterung des Wortschatzes.

Material:

- mehrere laminierte Karten
- eine Matte

Präsentation:

Bereiten Sie Nomenklaturkarten zu winterlichen Themen vor, z. B. eine Serie zu Tieren, die Winterschlaf halten, wie Murmeltier, Bär oder Igel, und schreiben Sie unter jedes Bild den Namen des abgebildeten Tiers. Stellen Sie auch Karten zu anderen Themenbereichen her, z. B. zu immergrünen oder laubabwerfenden Bäumen. Geben Sie diese Karten Ihrem Kind, damit es sich mit den Wörtern und den dargestellten Begriffen auseinandersetzt.

Kultur: Die drei Aggregatzustände von Wasser

Alter: 2 Jahre

Ziel: Erweiterung des Wortschatzes und des Wissens über die Umwelt.

Material:

- kaltes Wasser, heißes Wasser und Eiswürfel in drei verschiedenen Gefäßen
- ein kleiner Spiegel

Präsentation:

1. Stellen Sie die drei Gefäße mit kaltem Wasser, heißem Wasser bzw. Eiswürfeln sowie einen kleinen Spiegel auf ein Tablett. Zeigen Sie dies Ihrem Kind und bleiben Sie zur Sicherheit auf jeden Fall in seiner Nähe!
2. Lassen Sie Ihr Kind zunächst einen Finger in das kalte Wasser tauchen und erklären Sie ihm, dass dieses Wasser ganz flüssig ist.
3. Zeigen Sie ihm anschließend die Eiswürfel und fordern Sie es auf, diese zu berühren. Das Kind soll verstehen, dass Wasser auch eine feste Form annehmen kann.
4. Halten Sie jetzt den Spiegel über das Gefäß mit dem heißen Wasser, damit Ihr Kind sieht, wie sich der Wasserdampf darauf niederschlägt. So begreift es, dass Wasser auch in gasförmigem Zustand vorhanden sein kann.
5. Fordern Sie das Kind auf, ganz vorsichtig einen Eiswürfel in das Gefäß mit dem heißen Wasser zu legen, damit es sieht, wie dieser schmilzt und flüssig wird.

Im Frühling

Blumen, Obst, Gemüse … Im Frühling erwacht die Natur zu neuem Leben. Zeit für Unternehmungen mit der ganzen Familie! Hier einige Vorschläge, wie Sie die schönen Tage mit Ihren Kindern Montessori-gerecht gestalten können!

Praktisches Leben: Blumensträuße zusammenstellen

Alter: 3 Jahre

Ziel: Entwicklung der Feinmotorik und Kennenlernen der Umwelt; Gestalten von hübschen Blumensträußen fürs Kinderzimmer.

Material:
- eine kleine Vase
- eine Schere
- ein Schälchen
- ein Krug mit Wasser
- ein Schwamm
- einige Blumen

Präsentation:
1. Stellen Sie das Material auf ein Tablett und fordern Sie Ihr Kind auf, die Übung mit Ihnen zu machen.
2. Gießen Sie Wasser in die Vase, schneiden Sie mit der Schere von der ersten Blume ein kleines Stück des Stiels ab und legen sie es in das Schälchen, stellen Sie die Blume in die Vase und bitten Sie dann Ihr Kind, weiterzumachen. Wenn ein paar Tropfen neben der Vase landen, zeigen Sie Ihrem Kind, wie man diese mit dem Schwamm aufwischt.

Sinnesübung: Schulung des Geruchssinns an Blumen

Alter: 3 Jahre

Ziel: Verfeinerung des Geruchssinns Ihres Kindes.

Material:
- einige Frühlingsblumen mit möglichst charakteristischem Duft (Maiglöckchen, Jasmin, Veilchen usw.)
- eine Augenbinde

Präsentation:
1. Legen Sie drei Frühlingsblumen auf ein Tablett und zeigen Sie sie Ihrem Kind. Sagen Sie ihm, wie die Blumen heißen.

2. Schlagen Sie ihm vor, sich die Augen verbinden zu lassen, um »blind« den Duft der Blumen zu erkunden. Wiederholen Sie dabei deutlich die Bezeichnungen der Blumen.
3. Nennen Sie dem Kind nun den Namen einer Blume, lassen Sie es nacheinander an allen drei Blumen riechen und fragen Sie es, welcher Duft zu der genannten Blume gehört. Machen Sie die Übung auch mit den anderen beiden Blumen.
4. Lassen Sie das Kind nun an einer Blume riechen und fragen Sie nach deren Namen. Machen Sie das gleiche mit den beiden anderen Blumen.

Mathematik: Die Division verstehen

Alter: ab 4 Jahre

Ziel: Heranführung an die Division.

Material:

- laminierte Karten
- ein abwischbarer Folienstift
- ein Lappen

Präsentation:

1. Erstellen Sie Kärtchen im Querformat. Malen Sie in die obere Hälfte der Karten kleine Bilder, die den Dividenden darstellen (für einen frühlingshaften Touch z. B. 15 Blumen). In die untere Hälfte malen Sie dann z. B. drei Vasen als Divisor. Gestalten Sie eventuell noch eine zweite Karten mit 12 Blumen und vier Kindern o. ä.
2. Bitten Sie nun Ihr Kind, mit dem Folienstift in jede Vase bzw. zu jedem Kind dieselbe Anzahl Blumen zu malen.
3. Wiederholen Sie die Übung nach Belieben mit weiteren Aufgabenkarten für die Division.

Sprache: Nomenklaturkarten mit Früchten

Alter: ab 2 Jahre

Sie können diese Übung genauso vorbereiten und präsentieren wie die Übung »Nomenklaturkarten zum Thema Winter« auf S. 127, da sie auf dem gleichen Prinzip basiert.

Kultur: Lebenszyklus einer Blume

Alter: ab 1 ½ Jahren

Ziel: Erweiterung des Wortschatzes Ihres Kindes.

Material:

- eine Blumenzwiebel (je nach Jahreszeit)
- ein Blumenkasten oder ein kleines Beet im Garten
- laminierte Nomenklaturkarten

Präsentation:

1. Setzen Sie mit Ihrem Kind eine Blumenzwiebel. Richten Sie sich dabei nach der Jahreszeit:
   - ➔ Wenn Sie die Zwiebel zwischen September und Dezember setzen, wählen Sie Frühblüher wie Tulpen, Hyazinthen, Anemonen oder Iris;
   - ➔ wenn Sie die Zwiebel im Frühling einpflanzen, damit die Blume im Sommer blüht, sind Dahlie, Gladiole, Aronstab oder Lilie zu empfehlen.
2. Fordern Sie Ihr Kind auf, die Entwicklung der Pflanze einmal pro Woche zu beobachten, und stellen Sie eine Gießkanne daneben, damit es sie mit Wasser versorgen kann.
3. Stellen Sie Nomenklaturkarten her, auf denen der Lebenszyklus der Blumen abgebildet ist: Zwiebel, Keimling, Wachstum, Blüte usw. Stellen Sie jedes Entwicklungsstadium auf einer separaten Karte dar und schreiben Sie die jeweilige Bezeichnung in Druckschrift unter jede Abbildung. Kleben Sie die Karten am Ende aneinander, sodass ein hübscher Wandschmuck entsteht.

Adressen

Hier können Sie Montessori-Material im Internet beziehen:

- www.nienhuis.com/de
- www.montessori-material.de
- www.spielundlern.de
- www.montessori-shop.de
- www.rosaturm.de

Literatur

Das Werk Maria Montessoris

Die Entdeckung des Kindes (Herder, 3. Aufl. 2018)

Kinder sind anders (Klett-Cotta, 20. Aufl. 2018)

Von der Kindheit zur Jugend (Herder, 2. Aufl. 2018)

Das Kind in der Familie (Herder, 2. Aufl. 2017)

Das kreative Kind. Der absorbierende Geist (Herder, 17. Aufl. 2017)

Ebenfalls lieferbar:

Santini, Céline / Kachel, Vendula: *Montessori-Pädagogik für zu Hause. 200 Aktivitäten von 0–12 Jahren.* Anaconda 2017

Dank

Die Autorinnen danken Véronique Deiller für die redaktionelle Mitarbeit an diesem Buch.

Meine Notizen:

Meine Notizen:

Meine Notizen:

Meine Notizen:

Meine Notizen:

Meine Notizen:

Meine Notizen:

Meine Notizen:

Meine Notizen:

Meine Notizen:

Meine Notizen:

Meine Notizen: